Tilly

kleine bayerische biografien

herausgegeben von
Thomas Götz

MARCUS JUNKELMANN

TILLY
Der katholische Feldherr

Verlag Friedrich Pustet
Regensburg

kleine bayerische biografien

Biografien machen Vergangenheit lebendig: Keine andere literarische Gattung verbindet so anschaulich den Menschen mit seiner Zeit, das Besondere mit dem Allgemeinen, das Bedingte mit dem Bedingendem. So ist Lesen Lernen und Vergnügen zugleich.
Dafür sind gut 100 Seiten genug – also ein Wochenende, eine längere Bahnfahrt, zwei Nachmittage im Café. Wobei klein nicht leichtgewichtig heißt: Die Autoren sind Fachleute, die wissenschaftlich Fundiertes auch für den verständlich machen, der zwar allgemein interessiert, aber nicht speziell vorgebildet ist.
Bayern ist von nahezu einzigartiger Vielfalt: Seine großen Geschichtslandschaften Altbayern, Franken und Schwaben eignen unverwechselbares Profil und historische Tiefenschärfe. Sie prägten ihre Menschen – und wurden geprägt durch die Männer und Frauen, um die es hier geht: Herrscher und Gelehrte, Politiker und Künstler, Geistliche und Unternehmer – und andere mehr.
Das wollen die KLEINEN BAYERISCHEN BIOGRAFIEN: Bekannte Personen neu beleuchten, die unbekannten (wieder) entdecken – und alle zur Diskussion um eine zeitgemäße regionale Identität im Jahrhundert fortschreitender Globalisierung stellen.
Eine Aufgabe mit Zukunft!

DR. THOMAS GÖTZ, Herausgeber der Buchreihe, geboren 1965, lehrt Neuere und Neueste Geschichte an der Universität Regensburg. Veröffentlichungen zu Stadt und Bürgertum in der Neuzeit.

Inhalt

Einleitung **7**

1 Das Zeitalter der Religionskriege **9**
Die Konfrontation im Deutschen Reich

2 Tilly – Anfang, Krise und Neubeginn seiner Karriere **14**
Tilly und Maximilian I. / Belohnungen und Erbe / Kriegskassen und Kommissare

3 Krieg und Kriegführung **23**
Die Militärische Revolution / Krieg als Lebensform / Die Schrecken des Krieges / Pulver und Eisen / Der Masseneinsatz

4 Die ersten Jahre des Großen Kriegs – Tilly im Zenit seiner Laufbahn **30**
Entscheidung auf dem Weißen Berg / Die triumphierende Jungfrau / Von Sieg zu Sieg / Die Niederlage des Pfaffenfeindes / An der Seite des Friedländers / Doppeltes Kommando mit 71 Jahren / Der Löwe aus Mitternacht

5 Tillys Stern sinkt **41**
Die erste Katastrophe: Magdeburg / Die geschändete Jungfrau / Die zweite Katastrophe: Breitenfeld / »Wer kann wider Gott?« / Die letzte Schlacht

6 Ende und Verklärung **56**
Tod in Ingolstadt, letzte Ruhe in Altötting / Verehrung und morbide Schaulust / Apotheose, Verdammung und die Vergänglichkeit des Ruhms / Denkmäler

7 Tilly – Ein Persönlichkeitsbild **72**
*Ein Soldatenleben im Zeitalter der Religionskriege
und der »Militärischen Revolution« / Apokalyptisches
Ungeheuer und verhöhnter Verlierer: Tilly als negativer
Held der Flugblattpolemik / Disziplin und Loyalität /
Die Spanische Schule / Tillys Charakterbild und die
Schuldfrage von Magdeburg*

Anhang **109**
Zeittafel / Bildnachweis / Literaturverzeichnis

Einleitung

Im Laufe des Dreißigjährigen Krieges sind drei Feldherren aufgetreten, die sich der Volkserinnerung tief eingeprägt haben: Wallenstein, Gustav Adolf und Tilly. Jeden von ihnen pflegt man ganz besonders mit einem bestimmten Ereignis in Verbindung zu bringen, Wallenstein mit seiner Ermordung in Eger, Gustav Adolf mit seinem Schlachtentod bei Lützen, Tilly mit der Zerstörung von Magdeburg. Alles drei düstere, unheilschwangere Begebenheiten, doch nur im Falle Tillys wird die persönliche Tragik überschattet von Schuld und Verdammung. Das hat Widerspruch herausgefordert, und so steht dem vorherrschenden Bild des fanatischen Glaubenskämpfers und Mordbrenners das des zu Unrecht verfemten, geradezu heiligmäßigen Verteidigers der Kirche und des Reiches gegenüber. Erst vor kurzem hat das kontroverse Urteil über den General der Katholischen Liga wieder die Gemüter erhitzt, als 2005 nach jahrzehntelangem Streit auf dem Altöttinger Kapellplatz eine Reiterstatue Tillys aufgestellt wurde. Das gab Anlass für eine zwei Jahre später am selben Ort gezeigte Ausstellung mit dem provokativen Untertitel »Tilly – Heiliger oder Kriegsverbrecher?«, in der versucht wurde, ein ausgewogenes Bild der Persönlichkeit eines Mannes zu zeichnen, dessen Laufbahn in die Zeit der großen Religionskriege fiel, eine Epoche, die uns noch vor kurzem sehr fern gerückt zu sein schien und die doch inzwischen eine beklemmende Aktualität gewonnen hat.

Wer sich der Person Tillys nähert, hat mit dem Problem einer außerordentlichen Quellenarmut zu kämpfen. Der General hat keine Tagebuchaufzeichnungen hinterlassen, der Schriftverkehr – fast durchweg nicht von eigener Hand – beschränkt sich auf rein Dienstliches, das Innere des Mannes bleibt verschlossen. Es ist daher schwierig, die schon zu seinen Lebzeiten über ihn kursierenden und später stereotyp wiederholten Klischees auf ihren Wahrheitsgehalt zu überprüfen.

Fast gleichzeitig erschienen um 1860 die beiden ersten größeren Biografien Tillys, verfasst vom Comte de Villermont und von Onno Klopp, beide dickleibig und materialreich, beide von dezidiert katholischem Standpunkt aus mit einseitig verherrlichender Tendenz geschrieben. Die Ehrenrettung gewann an Gewicht, als anderthalb Jahrzehnte später der protestantische Historiker Karl Wittich Tilly von der Schuld am Brand Magdeburgs freisprach und damit eine anhaltende Kontroverse auslöste. Wittich verfasste auch den einschlägigen Eintrag in der Allgemeinen Deutschen Biographie (1894). Die wohl meistgelesene Biografie des 20. Jahrhunderts war das Büchlein von Gerhard Gilardone aus dem Jahre 1932, dessen Richtung schon durch den Untertitel »Der Heilige im Harnisch« klargemacht wird. In jüngerer Zeit war mein Tilly-Aufsatz im Katalogwerk »Wittelsbach und Bayern« (1980) der erste Versuch einer Zusammenfassung auf dem neuesten Stand der Forschung. In wesentlich erweiterter Form bildete er auch die Basis für den Hauptbeitrag in der Begleitpublikation zu der oben schon erwähnten Altöttinger Ausstellung im Jahre 2007. Mit den Wandlungen des Tillybildes in der bayerischen Überlieferung befasste sich 1984 eingehend Heinz Gollwitzer. Zahlreiche wichtige Publikationen zum Thema »Tilly« hat seit 1997 Michael Kaiser beigesteuert, darunter seine Dissertation über die Politik und Kriegführung der Katholischen Liga. Eine umfassende wissenschaftliche Biografie, der man den Rang eines Standardwerkes zuerkennen könnte, fehlt freilich noch immer.

Die folgende kleine Abhandlung zerfällt in zwei Hauptteile. Zuerst wird ein in sechs Kapitel gegliederter chronologischer Überblick über die Laufbahn Tillys geboten. Den Kapiteln sind in wechselnder Intensität Quellenzitate und Abbildungen beigegeben. Es schließt sich, als siebtes Kapitel, eine übergreifende Zusammenfassung wichtiger Aspekte der Biografie des Feldherrn an. Den Abschluss bilden eine ausführliche Zeittafel und eine knappe Bibliografie.

1 Das Zeitalter der Religionskriege

Die Reformation spaltete ab 1517 die Christenheit in feindliche Lager. Nordeuropa und große Teile Mittel- und Westeuropas gingen der Katholischen Kirche verloren. Das Konzil von Trient (1545–1563) führte eine innere Reform der Papstkirche herbei, die ihr die Kraft und Geschlossenheit gab, ihrerseits zur Offensive überzugehen und verlorenes Terrain zurückzuerobern. Diese »Gegenreformation« wurde von neuen oder erneuerten Orden, vor allem den Jesuiten und Kapuzinern, getragen. Gleichzeitig trat auf protestantischer Seite mit den Calvinisten eine neue radikale Aktionspartei auf. Mehr und mehr wurden die theologischen Dispute mit Waffengewalt ausgetragen. So tobte in Frankreich jahrzehntelang der Kampf zwischen den Katholiken und den calvinistischen Hugenotten. In den Niederlanden wurde gar ein »Achtzigjähriger Krieg« zwischen dem katholischen Spanien und seinen überwiegend calvinistischen aufständischen Provinzen ausgetragen. Dazu kam im Südosten des Kontinents der Kampf gegen den äußeren Glaubensfeind, die muslimischen Türken.

Natürlich ging es in den genannten und den vielen anderen Konflikten einer im Dauerkrieg befindlichen Epoche nicht ausschließlich um die Religion. Machtgegensätze wie der zwischen Frankreich und dem Haus Habsburg waren eine Konstante der europäischen Politik, ganz unabhängig von der Konfession. Auch verknüpften sich die religiösen Probleme vielfach mit dynastischem Erwerbssinn und mit Verfassungsfragen, den Auseinandersetzungen zwischen Fürsten und Ständen, Adel, Bürgern und Bauern, mit den „Geburtswehen" moderner Staatlichkeit. Das konfessionelle Element wirkte aber konfliktverschärfend und schuf Fronten, die es in dieser Form sonst nicht gegeben hätte.

Krieg besser als Allerwelts-Unfrieden

»Daß man nun viel schreibt und sagt, was für eine große Plage der Krieg sei, das ist alles wahr. Aber man sollte daneben ansehen, wie vielmal größer die Plage ist, der man mit Kriegen wehrt. Ja, wenn die Leute fromm wären und gern Frieden hielten, so wäre Kriegen die größte Plage auf Erden. – Wo denkst du aber hin, wie böse die Welt ist, – wie die Leute nicht Frieden halten, sondern rauben, stehlen, töten, Weib und Kind schänden, Ehre und Gut nehmen wollen? – Solchem allgemeinen Allerwelt-Unfrieden, vor dem kein Mensch bleiben könnte, muß der kleine Unfriede, der da Krieg oder Schwert heißt, steuern. Darum ehrt auch Gott das Schwert so hoch, daß ers seine eigene Ordnung heißt, und will nicht, daß man sagen oder wähnen solle, Menschen habens erfunden oder eingesetzt. Denn die Hand, die solch Schwert führt und damit würgt, ... ist nicht mehr Menschenhand, sondern Gotteshand, und nicht der Mensch, sondern Gott hängt, rädert, enthauptet, würgt und kriegt. Es sind alles seine Werke und Gerichte.

Summa: Man muß im Kriegeramt nicht ansehen, wie es würgt, brennt, schlägt und fängt usw. Denn das tun die kurzsichtigen, einfältigen Kinderaugen, die dem Arzt nicht weiterhin zusehen, als wie er die Hand abnimmt, oder das Bein absägt, sehen aber oder merken nicht, daß es um den ganzen Leib zu retten zu tun ist. Man muß dem Kriegs- oder Schwertsamt zusehen mit männlichen Augen, warum es so würgt und greulich tut; so wird sichs selbst erweisen, daß es ein Amt ist, an sich selbst göttlich und der Welt so nötig und nützlich, wie Essen und Trinken oder sonst ein ander Werk. Daß aber etliche dieses Amt mißbrauchen und ohne Not würgen und schlagen, aus lauter Mutwillen, das ist nicht des Amtes, sondern der Person Schuld. Denn wo ist je ein Amt, Werk oder irgendein Ding so gut, daß es die mutwilligen, böse Leute nicht mißbrauchen?«

Martin Luther, „Ob Kriegsleute auch im seligen Stand sein können" (1526)

Missbrauch des christlichen Namens

»Die Heere stoßen zusammen, auf beiden Seiten das Kreuz-Zeichen vorantragend, das selbst mahnen sollte, auf welche Art und Weise es sich für Christen ziemen würde, den Sieg zu suchen. Unter diesem göttlichen Heiligtum, durch welches jene vollkommene und unaussprechliche Verbundenheit der Christen untereinander zum Ausdruck kommt, ziehen sie aus, sich gegenseitig umzubringen, und wir machen Gott zum Zuschauer und Rädelsführer einer so gottlosen Sache! Wo ist denn das Reich des Teufels, wenn nicht im Krieg? Warum schleppen wir Christus hierhin, zu dem der Krieg noch weniger paßt als ein Hurenhaus? Der Apostel Paulus hielt es für unwürdig, daß ein Richter zugezogen werde, um einen Streit zwischen Christen zu schlichten. Was würde er sagen, wenn er uns auf der ganzen Welt beim Kriegführen erblickte, und zwar aus beliebigem, geringfügigsten Grunde, schrecklicher als je Heiden gekämpft haben, grausamer als irgendwelche Barbaren? Und das durch die Anstiftung, Ermunterung und Hilfe derjenigen, welche jenen Frieden stiftenden und alles verbindenden obersten Priester vertreten, und die das Volk mit dem Friedenssegen grüßen!«

_{Der Humanist Erasmus von Rotterdam in seinem Werk »Süß ist der Krieg den Unerfahrenen«}
_(»Dulce bellum inexpertis«, 1515)

DIE KONFRONTATION IM DEUTSCHEN REICH

Im Augsburger Religionsfrieden von 1555 wurde der Protestantismus in seiner lutherischen Form vom Kaiser anerkannt, die Calvinisten blieben bis 1648 ausgeschlossen. Die politischen Machthaber entschieden über die Konfession ihrer Untertanen – *cuius regio, eius religio* – wessen Land, dessen Religion. Zu Spannungen führte immer wieder die Frage der geistlichen Herrschaften. Wechselte ein Amtsträger die Konfession, hatte er nach katholischer Auffassung Amt und Territorium verwirkt, während die protestantischen Fürsten sie einfach ihrem Besitz einverleibten. Dazu kam auf beiden Seiten ein Gefühl der Bedrohung. Die Katholiken vergaßen nicht ihre erdrutschartigen Verluste in den ersten Jahrzehnten der Reformation, als ganz Deutschland lutherisch zu werden schien. Die Protestanten sahen mit Bangen das Fortschreiten der Gegenreformation in Bayern und seiner Peripherie und in den habsburgischen Erblanden. Man schloss konfessionelle Bündnisse, die außerhalb der Reichsverfassung eigene Armeen aufstellten, 1608 die Protestantische Union, 1609 die Katholische Liga. Sie umfassten niemals alle Reichsstände, die der jeweiligen Konfession angehörten. Da zu diesem Zeitpunkt die österreichischen Habsburger durch den Zwist zwischen dem nahezu regierungsunfähigen Kaiser Rudolf II. und seinen Brüdern in ihrer Handlungsfreiheit gelähmt waren, fiel die Führung im katholischen Lager dem energischen Herzog Maximilian I. von Bayern zu. An der Spitze der Union stand ein anderer Wittelsbacher, Kurfürst Friedrich V. von der Pfalz, ein Calvinist. Beide Bündnisse pflegten Beziehungen zu interessierten ausländischen Mächten wie Spanien, dem Kirchenstaat, Frankreich, den Niederlanden, Siebenbürgen, Dänemark und England. Jeder Streit im Reich drohte daher zu einem internationalen Konflikt zu eskalieren.

> *»... die neuzeitliche Religionsfreiheit habe Unfrieden im Reiche gestiftet. Warum habe man nicht an dem festgehalten, was die Vorfahren so manches Jahrhundert geglaubt? Die Bibel sei ja doch auch in ihren Händen gewesen.«*
> Tilly zu dem brandenburgischen Geheimen Rat Stiepe im Januar 1627

> *»... kein beständiger Frieden im Reich zu hoffen, Sachsen wird denn katholisch ... wann Sachsen katholisch, werden andere bald folgen und kein Macht dem Reich gleich sein.«*
> Antwort Tillys auf eine Anfrage der Ligastände, die ihm am 9. Juli 1628 zugegangen war

Allegorie auf die siegreiche Katholische Liga, Kupferstich, wohl 1622. Im Vordergrund fährt die Verkörperung des Hl. Röm. Reiches in einem von einem Adler (Österreich/Reich) und einem Löwen (Bayern) gezogenen Wagen. Sie hält eine Standarte mit gekreuzten Pfeilbündeln und der Aufschrift »Stark ist gewesen, wer sich zusammengeschlossen hat« sowie die Enden einer Kette, welche die links von Maximilian I. und rechts von Philipp IV. von Spanien angeführten katholischen Heerscharen zusammenhält. Bei dem Bischof in der Mitte handelt es sich um Johann Gottfried von Aschhausen, Fürstbischof von Bamberg und Würzburg, der auf dem Spruchband von sich sagt, er sei »ein großer Teil« von ihnen gewesen. Die Szene spielt sich auf einer von Trümmern und Leichenteilen der geschlagenen Protestanten übersäten Walstatt ab, auf der der Reichsapfel der Kurpfalz – Maximilians wichtigste Beute – prominent dargestellt ist.

2 Tilly – Anfang, Krise und Neubeginn seiner Karriere

Jean T'Serclaes Baron de Tilly et Marbais, später in Deutschland bekannt als Johann Tserclaes von Tilly (ab 1622 Graf), wurde im Februar 1559 in den katholischen südlichen Niederlanden geboren, entweder in Brüssel oder auf dem Stammsitz Tilly. Während seiner Kindheit brach der Aufstand gegen Spanien los. Der Vater Martin unterschrieb 1565 eine Petition an die spanische Regierung, die als Rebellion ausgelegt wurde. Das hatte die Verbannung und den Verlust der Güter zur Folge. Die aus Deutschland stammende Mutter Dorothea von Schierstädt gab ihre beiden Söhne – Jean war der jüngere – in jesuitische Erziehung nach Châtelet und nach Köln. 1574 wurde der Vater nach einem Treuegelöbnis rehabilitiert. Der Eintritt der Söhne in die spanische Armee bestätigte wenig später die Loyalität der Familie. Tilly erlernte das Kriegshandwerk von der Pike auf.

Prägend wurde für ihn das Vorbild des Oberkommandeurs, des Herzogs von Parma. Die Niederlande galten als die Kriegsschule Europas. Dementsprechend groß war die Konkurrenz, dementsprechend langsam die Beförderung, vor allem wenn man nicht dem hohen Adel entstammte und die entsprechenden Beziehungen und Geldmittel besaß. Tilly, dem dies alles abging, wechselte deshalb zeitweise in die Dienste anderer katholischer Mächte über. So kämpfte er im Kölnischen Krieg 1583 für den katholischen Kandidaten Ernst von Bayern, in den frühen 1590er-Jahren in der lothringischen Armee gegen die Hugenotten.

Ende der 1590er-Jahre verließ er Westeuropa endgültig und diente im Langen Türkenkrieg (1593–1606) den österreichischen Habsburgern. Auf dem ungarischen Kriegsschauplatz stieg er bis zum Feldmarschall auf. 1608 stellte er sich im habsburgischen Bruderzwist in gewohnter Loyalität auf die Seite des rechtmäßigen Kaisers Rudolf II. Es war dies keine leichte Entscheidung für Tilly, da er während des Türkenkrieges eng

Bitte freimachen.

Verlag
Friedrich Pustet
93008 Regensburg

Absender:

Name, Vorname

Straße

PLZ, Ort

E-Mail:

Alter:

Beruf:

Selbstverständlich behandeln wir Ihre Angaben vertraulich und nutzen sie ausschließlich für unsere interne Statistik.

Liebe Leserin, lieber Leser,
wir danken Ihnen für Ihr Interesse an unseren
Büchern! Gern informieren wir Sie regelmäßig
über unser Verlagsprogramm.

Theologie – Ich interessiere mich für:

☐ Liturgie/Verkündigung/Spiritualität
☐ Pastoral/Katechese
☐ Handbücher/Theologisches Sachbuch
☐ Wissenschaft
☐ Liturgie konkret (kostenloses Probeheft)

Geschichte – Ich interessiere mich für:

☐ Biografien
☐ Ländergeschichte
☐ Bayerische Geschichte/Regionalia

Bitte informieren Sie mich regelmäßig per E-Mail
über Neuerscheinungen in den Bereichen:

☐ Theologie   ☐ Geschichte

Wenn Sie Zeit und Lust haben, beantworten Sie uns
doch folgende Fragen – Sie helfen uns damit, unsere
Arbeit noch besser auf Ihre Bedürfnisse abzustimmen:

Wie sind Sie auf dieses Buch aufmerksam
geworden?

☐ durch einen Prospekt oder eine Anzeige
☐ durch eine Buchbesprechung in:

_____

☐ in der Buchhandlung
☐ durch eine persönliche Empfehlung
☐ durch die Verlagshomepage
☐ durch das Internet allgemein

Welchem Buch haben Sie diese Karte entnommen?

_____

Kommentare, Hinweise, Kritik:

_____

_____

mit Rudolfs Gegenspieler Matthias zusammengearbeitet hatte. Als dieser sich nun gegen seinen Bruder durchsetzte, schien Tillys Karriere beendet zu sein.

Tatsächlich stand sie erst am Anfang.

Das Portrait Tillys
Die vergleichsweise schlichte Herkunft und der späte Durchbruch zum Ruhm hatten zur Folge, dass es keinerlei Bildnisse Tillys gibt, die ihn in jugendlichem oder mittlerem Alter zeigen. Einige wenige Stiche sind in den letzten Jahren seiner habsburgischen Dienstzeit entstanden, als er kaiserlicher Feldmarschall war und sich in seinen späten Vierzigern befand. Größeres Interesse an seinem Portrait erwachte aber naturgemäß erst mit seiner Siegesserie während der Böhmisch-Pfälzischen Phase des Dreißigjährigen Krieges, als der General schon längst das 60. Lebensjahr überschritten hatte. Die meisten Gemälde und Stiche gehören dem üblichen Typus des repräsentativen Feldherrnportraits im Harnisch an. Tatsächlich scheint Tilly im Feld keinen Panzer getragen zu haben. Dem Skelett und einem erhaltenen Rock nach muss er zumindest mittelgroß gewesen sein. Er hatte dunkle Augen und dunkles Haar, das er sehr kurz geschnitten trug. Dazu kam der übliche Knebelbart mit hochgezwirbeltem Schnurrbart. Eine Vorliebe bis ins Alter bewahrte er sich für die Halskrause, die in seinen späteren Jahren schon altmodisch war und seinem Aussehen einen spanischen Charakter verlieh.

Das von zeitgenössischen Waffentrophäen eingerahmte Brustbild darf der Physiognomie nach als der früheste Portraittyp Tillys gelten. Zwar wird er bereits als »Graf« tituliert, was eine Datierung frühestens 1622 bedeutet, doch gleichzeitig als kaiserlicher Oberst bezeichnet, was in die Zeit vor 1604 (Beförderung zum Feldmarschall) verweist. Wahrscheinlich basiert der Kupferstich auf einer Vorlage aus dem frühen 17. Jahrhundert, und man hat dessen Beschriftung nur teilweise aktualisiert.

Das repräsentative Brustbild des Augsburger Stechers Lukas Kilian
(1579–1637) ist 1621 datiert. Der Generalleutnant trägt ein prächtiges Wams
und einen verzierten Harnischkragen. Kilians Stich bildete den Ausgangspunkt für viele populäre Portraits des Generals. Unter dem Bildnis heißt es
in elegischen Distichen sinngemäß:

»Das Schicksal, es wütet, sieh!, ich ertrag's, so besieg' ich das Schicksal,
   indem ich es trage.
Das Kreuz, es siegt, und auch ich besieg' geduldig durch Hoffnung das Leid,
Durch standhafte Hoffnung, stützend sich auf festen Grund, den CHRISTUS gewährt,
Der mir mein Schicksal mildert und auch das Leid.
Sobald indes das Leid hinweg ist genommen, der Tumult des Schicksals beruhigt,
Dann wird ER mich selig machen durch vielfach gedeihendes Glück.«

Halbfigurenportrait Tillys von Lucas Kilian (1579–1637), datiert 1629. Dieser Kupferstich hat die spätere Ikonographie des Grafen prägend beeinflusst. Rechts oben ein Emblem mit Sonne und Kreuz im Himmel, gepanzertem Arm, lorbeerumwundener Säule und einer von einem Schwert und zwei Lanzen getragenen Krone vor Küstenlandschaft – die bewaffnete Macht als Stütze der rechtmäßigen Herrschaft. Die im Hexameter gehaltene Umschrift des Emblems lautet in Übersetzung: »Erringt der Kaiser am Himmel den Sieg, dann führt der Graf in der Sonne den Krieg.«

TILLY UND MAXIMILIAN I.

Tilly trat 1610 als Generalleutnant in die Dienste Herzog Maximilians I. von Bayern (1573–1651). Der Herzog, ab 1623 Kurfürst, war oberster Kriegsherr, Tilly sein militärischer Stellvertreter. Maximilian führte zugleich als Bundesoberst die seit 1609 in der Liga zusammengeschlossenen katholischen Reichsstände. Den Fürsten und seinen Generalleutnant verband ihre tiefe katholische Religiosität, ihr hohes Pflichtgefühl und ihre Selbstdisziplin. In unermüdlicher Arbeitskraft kümmerte sich Maximilian um alle Bereiche des Staatswesens und versuchte es unter Kontrolle zu halten. Er schuf einen modernen Beamtenapparat und sanierte die Finanzen des tief verschuldeten Herzogtums. Bei aller Strenge und Sparsamkeit war Maximilian ein großer Bauherr und Förderer der Künste. Das Verhältnis zu seinem General prägte gegenseitige Achtung, ja persönliche Zuneigung, soweit das bei zwei so verschlossenen Männern möglich war. Tilly versuchte seine Treue zu Habsburg mit seiner Loyalität für Bayern und die Liga in Einklang zu bringen. Meist war dies nicht schwer, da der Eifer für die katholische Sache die alten Konkurrenten Habsburg und Wittelsbach zu einem stabilen Bündnis zusammenschweißte. Aber immer wieder brachen doch Interessengegensätze auf zwischen dem auf seine Unabhängigkeit und den Aufstieg seiner Dynastie bedachten Reichsfürsten und dem Kaiser, der seine Machtstellung als Reichsoberhaupt auszubauen bestrebt war. Sie stürzten Tilly am Ende seiner Karriere, als er auch zum kaiserlichen Generalleutnant ernannt worden war, in schwere, ja tragische Konflikte.

BELOHNUNGEN UND ERBE

Tilly gilt als ein bescheidener, asketischer Mann, dem das Anspruchs- und Beutedenken des Söldnerführers fremd war. Vergleicht man ihn mit Feldherren wie Mansfeld oder gar Wallenstein ist das zweifellos richtig. Einschränkungen müssen aber doch gemacht werden. So wie er seinen Untergebenen gegenüber stets ein Vertreter des Verdienstprinzips war, erwartete auch er für seine Leistungen »Rekompens«, Anerkennung und Belohnung in Form von finanziellen Zuwendungen und der Belehnung mit Territorien. Dabei konnte er sehr nachdrücklich werden mit seinen Forderungen. Tatsächlich ist kein anderer militärischer oder ziviler Mitarbeiter des bayerischen Kurfürsten in solchem Ausmaß rekompensiert worden wie Tilly. Er erhielt von Anfang an eines der beiden höchsten Gehälter in bayerischen Diensten. 1622 wurde er in den Grafenstand erhoben. Die zweimal angebotene Erhöhung zum Fürsten lehnte er dagegen ab.

In der eroberten Oberpfalz erhielt er die Herrschaften Helfenberg, Holnstein, Freystadt, das Amt Hohenfels und die reichsfreie Herrschaft Breitenegg. Das in den Erblanden nahe Linz gelegene Volkersdorf, das von seinem Erben in Tillysburg umgetauft wurde, hat er dagegen käuflich erworben. Hauptbeweggrund für diesen Erwerbstrieb war die ausgeprägte Fürsorge des Unverheirateten für seinen Neffen, Adoptivsohn und Erben Werner von Tilly, Sohn aus der Ehe Jakobs, des älteren Bruders des Feldherrn († 1624), mit der Gräfin Dorothea von Ost-Friesland. Infolge seiner Vermählung mit einer Tochter des Fürsten Liechtenstein fühlte sich Werner zu einem aufwendigeren Lebensstil verpflichtet. Die bayerische Linie der Familie starb 1724 im männlichen Stamm aus.

Schloss Helfenberg bei Velburg/Oberpfalz; Ansicht von ca. 1710
Einst gehörte es zur Herrschaft Breitenegg, die Kurfürst Maximilian 1628 Tilly geschenkt hat. 1699–1707 ließ Graf Ferdinand Lorenz v. Tilly den italienisch anmutenden Bau durch den Hofbaumeister Giovanni A. Viscardi errichten. 1796 von den Franzosen geplündert, wurde das Schloss auf Abbruch verkauft. Mitte des 19. Jahrhunderts standen noch 3 Stockwerke; heute Ruine.

KRIEGSKASSEN UND KOMMISSARE

Wer Krieg führte, brauchte Geld, viel Geld. Maximilian I. mit seinem sanierten Haushalt konnte sich ein starkes Heer leisten, und das gab ihm politisches Gewicht. In Kriegszeiten floss der größte Teil der Staatseinnahmen in das Heerwesen. Dazu kamen die – allerdings meist sehr säumigen – Beitragszahlungen der anderen Ligamitglieder und befreundeter Mächte, sowie die in den besetzten Gebieten erhobenen Naturalleistungen und Geldzahlungen. Trotzdem führten die langen Kriegsjahre auch Bayern mehr und mehr ins Defizit. Das hinderte Maximilian freilich nicht, hartnäckig zu versuchen, das Militär und seine Führer unter staatliche Kontrolle zu bringen. Der Kurfürst begab sich nur selten persönlich ins Feld. Er führte den Krieg von seinem Schreibtisch in der Münchner Residenz aus. Die Kommandeure wurden zu regelmäßigen Berichten gezwungen, Maximilian antwortete in zahllosen Briefen mit kenntnisreicher Kritik und genauen Instruktionen.

Darüber hinaus besaß der Herrscher in seinen Kriegskommissaren einen verlängerten Arm bei der Truppe. Sie kontrollierten Finanzgebaren und Disziplin der Befehlshaber auf allen Ebenen und berieten und überwachten diese bei ihren Planungen und Maßnahmen. Söldnerführern vom alten Schlag widerstrebte diese staatliche Gängelung. Tilly dagegen fügte sich in das System und arbeitete mit den Beamten gut zusammen. Er erfuhr durch sie Hilfe bei der Wahrnehmung seiner administrativen und diplomatischen Aufgaben, zumal der französischsprachige Wallone die offizielle Dienstsprache Deutsch nur passiv beherrscht zu haben scheint. Dabei vertrat er durchaus seinen Standpunkt und machte sich immer wieder mit Vehemenz zum Anwalt seiner Soldaten, wenn sie unter unangebrachten Sparmaßnahmen zu leiden hatten. Die Männer vergalten das ihrem »Vater Jean« mit Vertrauen und Verehrung.

> *»Tilly ist der bayerischen Commissari Sklavo und wird wegen der Patienz, so er mit den Hundsvöttern muß haben, bei Gott die Martyrerkrone erhalten.«*
> Wallenstein an Harrach, 3. Juni 1626

3 Krieg und Kriegführung

DIE MILITÄRISCHE REVOLUTION

Das Kriegswesen erlebte im 16. und 17. Jahrhundert eine rapide Entwicklung mit dem modernen stehenden Heer als Endpunkt. Die disziplinierte Massentaktik, die immer perfekteren Festungen, der Artilleriepark verursachten immense Kosten und einen Verwaltungsaufwand, die nur durch finanzpolitische Reformen und eine leistungsfähige Bürokratie halbwegs in den Griff zu bekommen waren. Krieg und Militär wurden so zu Geburtshelfern des zentralistischen Steuer- und Beamtenstaats. Diesen Vorgang pflegt man als die Militärische Revolution zu bezeichnen. Das Heerwesen wurde auf diese Weise der Verfügung der freien Söldnerführer entzogen und unter staatliche Kontrolle gebracht. Aus Söldnern wurden Soldaten, aus militärischen Unternehmern Beamte in Waffen. Der Dreißigjährige Krieg fand in einer Übergangsphase vom alten zum neuen Heerwesen statt. In manchen Ländern, wie in Bayern, versuchte der Fürst bereits, die Staatsmacht voll zur Geltung zu bringen. Doch die Sachzwänge des langen Krieges zwangen zum Improvisieren, und so konnte sich das Söldnerwesen noch gut behaupten. Die Gegensätze wurden in den Persönlichkeiten Wallensteins und Tillys verkörpert. Der erstere war ein Condottiere, ein Kriegunternehmer größten Stils, Tilly dagegen bereits ein disziplinierter, in das staatliche Heerwesen integrierter Offizier.

KRIEG ALS LEBENSFORM

»Wir geloben und schwören hiermit einen Eid zu Gott dem Allmächtigen im Himmel, daß wir dem Durchlauchtigsten Fürsten und Herrn, Herrn Maximiliano, Pfalzgrafen bei Rhein, Herzogen von Ober- und Niederbayern etc. unserem gnädigsten Feldherrn, und wer von Ihrer Durchlauchtigkeit wegen mit uns zu schaffen habe, und dann den ... Rittmeistern, daß wir wollen seinen Geboten und Verboten gehorsam sein und getreulich folgen auf Züg und Wachten bei Tag und Nacht, zu

und vom Feind, in Schlachten, Scharmützeln und allem andern, was ehrlichen, redlichen Reutern zu tun gebührt, auch wie und wo es des Feldherrn Nutz und Wohlfahrt, nach seinem Begehren erfordern wird, nicht weniger den vorgelesenen Artikels-Brief in allen und jeden Punkten getreulich halten, das Gute schützen und dem Bösen widerstehen helfen: Auch wider alle Feinde, niemand ausgenommen, so Ihrer Durchlauchtigkeit zuwider sein möchten, ehrlich und mannhaft streiten, und uns in allem, als redlichen Reutern gebühret und wohl anstehet, gebrauchen lassen, weil wir das Leben und die Kraft daran im Leibe haben, etc.«

»Die Reuter sollen 30 ganze Tage für einen Monat zu dienen schuldig sein. Und ob sich die Bezahlung gleich hernach verzöge, sollen sie Geduld tragen und nichts destoweniger ihre Züge und Wachten versehen und keinen Zug gegen den Feind oder wohin, wie es der Obriste oder Rittmeister nach Notdurft des Feldherrn begehrt, nicht abschlagen. Welcher hierwider täte oder sonst wider des Obristen oder des Rittmeisters Bestellung handelte, der soll an Leib und Leben gestraft werden.«

Artikelsbrief Herzog Maximilians I. von Bayern für die Reiterei (1619)

Für die Söldner des Dreißigjährigen Krieges war ihr blutiges Handwerk eine umfassende Existenzform. Das galt nicht nur für sie selbst, sondern auch für das Gefolge, das die Zahl der eigentlichen Kämpfer oft genug übertraf. Viele der Männer waren verheiratet und führten ein fast normales Familienleben. Die Frauen waren ein funktionaler Teil der Lagergemeinschaft. Sie kochten, wuschen, pflegten Verwundete, halfen beim Schanzen und beim Plündern. Man wurde Soldat zur Existenzsicherung. Zwar gab es oft monatelange, ja jahrelange Soldrückstände, aber Verpflegung und Quartier waren einigermaßen gesichert, jedenfalls wenn man auf des Siegers Seite diente. Plündern galt als regulärer Bestandteil des Verdienstes. Stolz auf das Regiment, auf die Armee, Loyalität zu charismatischen Führern waren zusätzliche Stimulanzen. Religiöse Motive spielten für die meisten Söldner dagegen keine bedeutende Rolle. Die Armee war ein konfessioneller Freiraum. Auf beiden Seiten kämpften und plünderten Katholiken und Protestanten. In Tillys eigenem Regiment mit der Altöttinger Madonna auf den Fahnen gab es zeitweise keinen einzigen katholischen Hauptmann. Nur bei höheren Kommandeuren achtete man auf die Konfession, und selbst hier wurden oft genug Ausnahmen gemacht.

Gefangene Soldaten wurden meist der eigenen Truppe einverleibt, so dass es nicht ungewöhnlich war, mehrfach die Seiten zu wechseln. Religiöser Fanatismus kann also nicht als Hauptgrund gelten für die Greuel des Dreißigjährigen Krieges.

> *»Hier haben wir kein Rindfleisch mehr wollen essen, sondern es müssen Gänse, Enten oder Hühner sein. Wo wir über Nacht gelegen sind, hat der Wirt müssen einem jedweden einen halben Taler geben, aber im Guten, weil wir mit ihm zufrieden sind gewesen und haben ihm sein Vieh in Frieden gelassen.*
> *So sind wir mit den 2.000 Mann hin und her gezogen, alle Tage ein frisches Quartier, 7 Wochen lang.«*
>
> Tagebuch eines Soldaten vom Regiment Pappenheim

> *»Den 20. Mai haben wir mit Ernst angesetzt und gestürmt und auch erobert. Da bin ich mit stürmender Hand ohne allen Schaden in die Stadt gekommen. Aber in der Stadt, am Neustädter Tor, bin ich 2mal durch den Leib geschossen geworden, das ist meine Beute gewesen. Dieses ist geschehen den 20. Mai im Jahr 1631 frühmorgens um 9 Uhr.*
> *Nachher bin ich in das Lager geführt worden, verbunden, denn einmal bin ich durch den Bauch, vorne durchgeschossen worden, zum anderen durch beide Achseln, so daß die Kugel in dem Hemd gelegen. Also hat mir der Feldscher die Hände auf den Rücken gebunden, damit er hat können den Meißel einbringen. So bin ich in meine Hütte gebracht worden, halbtot.*
> *Ist mit doch von Herzen leid gewesen, daß die Stadt so schrecklich gebrannt hat … und weil es meines Vaterlandes ist.*

Wie ich nun verbunden bin, ist mein Weib in die Stadt gegangen, obwohl sie überall gebrannt hat, und hat wollen ein Kissen holen und Tücher zum Verbinden und worauf ich liegen könnte. So habe ich auch das kranke Kind bei mir liegen gehabt. Ist nun das Geschrei ins Lager gekommen, die Häuser fallen alle übereinander, so daß viele Soldaten und Weiber, welche mausen wollen, darin müssen bleiben. So hat mich das Weib mehr bekümmert, wegen des kranken Kindes, als mein Schaden. Doch hat sie Gott behütet. Sie kommt nach anderthalb Stunden gezogen mit einer alten Frau aus der Stadt. Die hat sie mit sich hinausgeführt, ist eines Seglers Weib gewesen und hat ihr helfen tragen Bettgewand. So hat sie mir auch gebracht eine große Kanne von 4 Maß mit Wein und hat außerdem auch 2 silberne Gürtel gefunden und Kleider, so daß ich dafür 12 Taler eingelöst habe zu Halberstadt. Am Abend sind nun meine Gefährten gekommen, hat mir jeder etwas verehrt, einen Taler oder halben Taler … So bin ich nach 7 Wochen wieder frisch und gesund gewesen. Weiter ist mir hier mein Töchterlein gestorben, Elisabet. Gott verleihe ihr eine fröhlich Auferstehung † 3.«

Tagebuch eines Soldaten vom Regiment Pappenheim

»Mein Weib … ist dem Regiment nachgefolgt, welches sie zu München auch angetroffen hat. Das Kind ist ihr aber unterwegs gestorben, und sie ist nach etlichen Tagen auch gestorben zu München im Spital.
*Gott verleihe ihr samt dem Kind und allen ihren Kindern eine fröhliche Auferstehung, amen. Denn in dem ewigen seeligen Leben wollen wir einander wiedersehen. So ist nun mein Weib samt ihren Kindern entschlafen.
Ihre Namen sind diese
Anna Stadlerin von Traunstein in Niederbayern
Kinder
das erste ist nicht zur Taufe gekommen
die anderen sind alle zur seeligen christlichen Taufe gekommen.
Die Mutter
Anna Stadlerin †*

Die Kinder
Das erste NN †
Anna Maria †
Elisabet †
Barbara †
Gott gebe ihnen die ewige Ruhe ...«

Tagebuch eines Soldaten vom Regiment Pappenheim

DIE SCHRECKEN DES KRIEGES

»An dem Tag, an dem ein Mann zur Pike greift und Soldat wird, an diesem Tag hört er auf, ein Christ zu sein.«

Der spanische Offizier Francisco de Valdés in seinem Werk über die militärische Disziplin, Brüssel 1589

Der Dreißigjährige Krieg konnte sich seine schauerliche Reputation als perverse Extremform des Krieges über die Jahrhunderte behaupten. Auch neueste Forschungen bestätigen, dass die etwa 18 Millionen zählende Bevölkerung des Deutschen Reiches in den Jahren 1618–1648 um ein Drittel zurückging. Das übertrifft bei weitem die prozentualen Verluste der beiden Weltkriege. Nur zum geringsten Teil war das Folge direkter physischer Gewalt. Die Masse der Opfer verursachten kriegsbedingte Hungersnöte und Seuchen. Das war zum einen Resultat der enormen Länge des Krieges, die keine langfristige Erholung zuließ. Zum anderen lag es daran, dass die kriegführenden Mächte auf Dauer den finanziellen Konsequenzen ihres politischen und militärischen Tuns nicht gewachsen waren. Der Krieg musste den Krieg ernähren. Kommandeure und Soldaten griffen zur Selbsthilfe in Form von erpressten Naturalleistungen und Geldzahlungen oder regelrechten Plünderungen. Verantwortungsbewusste Feldherren wie Tilly versuchten schon im Interesse der Disziplin, den Exzessen zu steuern, doch letztlich gab es keinen großen Unterschied im Verhalten der einzelnen Armeen, die Sachzwänge waren einfach zu unüberwindlich.

»Die Reuter sollen keine Geistlichen Personen, Klöster, oder Kirchen, alte Leute, schwangere Frauen, Kinder, Kindbetterin-

nen, Weiber oder Jungfrauen beleidigen, noch weniger notzwingen oder berauben, dessgleichen keine Pflüge, Mühlen, Backöfen, Quartier, Läger, oder was anderst, so zu gemeiner Notdurft des Kriegs-Volks dienstlich sein mag, noch auch Getreid oder anderen Proviant in Freundes- oder Feindeslanden ohne sonderlichen Befehl des Obristen unnützlich verschwenden, viel weniger gar verderben, dann sonsten der Täter am Leib oder, nach Gelegenheit des Verbrechens, am Leben soll gestraft werden.«

Artikelsbrief Herzog Maximilians I. in Bayern für die Reiterei (1619)

»Die Einbildung des Gewissens ist ein wichtig Ding bei den Menschen, aber im Krieg wirkt die Einbildung der Ehre und ein trutziger Mut viel mehr. Das Gewissen sollen die Pfaffen einbilden und leiten. Ehr und Mut aber die Obersten und Befehlsleut.«

Anonymer Autor, »Ein kurtzer Begriff von den kriegsamptern«, Ende 16. Jahrhundert

PULVER UND EISEN

In den Schlachten des Dreißigjährigen Krieges dominierte bereits die Feuerwaffe. Es waren glattläufige Vorderlader, aus denen mit rauchstarkem Schwarzpulver kugelförmige Geschosse abgefeuert wurden. Kanonen hatten bronzene oder eiserne Rohre und verwendeten vor allem gußeiserne Vollkugeln, reine Wuchtgeschosse mit großer Tiefenwirkung. Daneben kamen Kartätschen zum Einsatz, eine Art Schrotladung mit Streuwirkung. Mörser, kurzrohrige Geschütze, verwendeten im Steilfeuer explodierende Bomben und Brandgeschosse. Man setzte sie aber nur im Belagerungskrieg ein. Das Fußvolk bestand zu 60–70 % aus Schützen mit Musketen, schweren Gewehren, die Bleikugeln von 30–35 g abschossen. Die Feuergeschwindigkeit betrug 1 Schuss in der Minute, die Treffgenauigkeit auf Entfernungen über 50 m war gering. Man zündete die Ladung mit einer Lunte, die in den Hahn geklemmt wurde. Der Rest der Infanterie waren Pikeniere, gepanzerte Langspießträger, die den Gegner im Schock werfen und die Musketiere vor den Attacken der Reiterei schützen sollten. Die Kavallerie machte 20–40% einer Armee aus und war noch stark gepanzert. Ihre schwersten Vertreter, die Küassiere, trugen einen 25–30kg schweren Dreiviertelharnisch und kämpften mit Radschlosspistolen und Haudegen. Die leichtere Form, die Arkebusiere, hatten reduzierte Panzerung und führten zusätzlich ein kurzes Gewehr. Wegen der schlechten Energiedichte der Kugeln konnte Panzerung immer noch einen Großteil der Waffenwirkung absorbieren. Trotzdem ging ihr Gebrauch allmählich zurück. Der Grund war ihre Kostspieligkeit und ihr schlechter Tragekomfort. Ungepanzerte leichte Reiterei kam aus Osteuropa (Kroaten, Polen) und diente vor allem dem Kleinkrieg. Dragoner waren berittene Musketiere, die im Kampf absaßen. Sie erfreuten sich wachsender Beliebtheit.

DER MASSENEINSATZ

Was der einzelnen Waffe an Wirkung abging, musste durch Ballung ersetzt werden. Eine lose Schützenkette wäre auf freiem Feld von der Kavallerie niedergeritten worden. Sie brauchte die Pikenierhaufen als festen Rückhalt. In der spanischen Taktik, wie sie von Tilly praktiziert wurde, besaßen die taktischen Einheiten (Tercios) erhebliche Tiefe und Stoßkraft. Die Niederländer und Schweden machten die Formationen flacher und brachten dadurch mehr Schützen gleichzeitig zum Einsatz, doch wurden auch die Tercios im Laufe des Krieges zusehends flacher aufgestellt.

Welche Methode auch gewählt wurde, das engräumige Zusammenwirken von Musketieren und Spießträgern machte die Infanterietaktik schwerfällig. Die entscheidenden Manöver fielen daher meist der beweglicheren Reiterei zu. Auch diese agierte in massierten Formationen. Die Attacken wurden Steigbügel an Steigbügel im Trab durchgeführt. Da Pikenierhaufen für Reiter undurchdringlich waren, machte man regen Gebrauch von Pistolen- und Arkebusenfeuer. Wenn sich die Ordnung des Gegners löste, brach die Reiterei mit blankem Degen ein und fügte in der Verfolgung die schwersten Verluste zu.

4 Die ersten Jahre des Großen Kriegs – Tilly im Zenit seiner Laufbahn

In den ersten zehn Jahren seines Dienstes als bayerischer Generalleutnant erlebte Tilly die längste Friedenszeit seiner langen Militärkarriere. Doch 1618 brach in Böhmen ein Aufstand gegen die Herrschaft des Hauses Habsburg und seine gegenreformatorische Politik aus. König Ferdinand II. wurde abgesetzt und Friedrich V. von der Pfalz gewählt, der Calvinist war und zudem Haupt der Protestantischen Union. Auch in den österreichischen Erblanden erhoben sich die protestantischen Stände, und von Osten zog der Fürst von Siebenbürgen mit Heeresmacht gegen Wien. Ferdinand II., inzwischen zum Kaiser gewählt, verfügte nicht über die Geldmittel und daher auch nicht über die Truppen, um dieser Rundumbedrohung gewachsen zu sein. Der Zusammenbruch der habsburgischen und der katholischen Position in Böhmen und in Österreich schien bevorzustehen. Friedrich V. als König von Böhmen hätte zudem im Kurfürstenkolleg eine protestantische Mehrheit geschaffen. Damit konnte den Katholiken auch das Kaisertum entrissen werden. Nur Maximilian und die Liga mit ihrer starken Armee vermochten Habsburg und die Kirche in den Erblanden und im Reich zu retten. Der Bayernfürst tat es, doch hatte das seinen Preis: Friedrich V. sollte als Rebell geächtet werden, seine Kurfürstenwürde und seine Länder an Bayern verlieren. Ferdinand II. in seiner Not stimmte zu, und so marschierte im Sommer 1620 das Heer der Liga unter Maximilian und Tilly mit 24.000 Mann in Oberösterreich ein und brach dort rasch den Widerstand. Für Bayern war es der Beginn einer ununterbrochenen Kriegszeit von 28 Jahren.

ENTSCHEIDUNG AUF DEM WEISSEN BERG

Nach der Besetzung Oberösterreichs vereinigte sich die ligistische Armee mit den Kaiserlichen unter Bucquoy. Gemeinsam zog man nun gegen Böhmen. Maximilian und Tilly wollten direkt auf Prag marschieren, die feindliche Hauptarmee zur Schlacht stellen und den Krieg noch im Herbst entscheiden. Bucquoy hielt das für zu riskant und bremste ständig das ungestüme Vordringen seiner Verbündeten. So konnten die feindlichen Streitkräfte immer wieder der Schlacht ausweichen, doch schwächten die ständigen Rückzüge die Kampfmoral ihrer Truppen. Sieben Kilometer westlich von Prag bezog schließlich die böhmisch-pfälzische Armee eine starke Verteidigungsstellung auf dem Weißen Berg. Tilly war entschlossen, sich diese Gelegenheit nicht entgehen zu lassen. Er schob ligistische Truppen über den Bach zu Füßen des Weißen Berges vor und brachte sie in Angriffsposition. Der nun eintreffende Bucquoy fürchtete jedoch, der Feind werde im Gegenangriff über die aufmarschierten Teile herfallen und sie vernichten, bevor der Rest der Armee eingreifen konnte. Er weigerte sich daher, der »leichtsinnigen« Bewegung Tillys zu folgen, konnte sich aber im Kriegsrat nicht gegen die Autorität Maximilians durchsetzen. Der Verlauf der Schlacht rechtfertigte die Zuversicht der ligistischen Führung. Zwar wurde die leichte zahlenmäßige Überlegenheit der Kaiserlichen und Ligisten durch die Stärke der feindlichen Stellung wettgemacht, doch verhielt sich der Gegner passiv und ergriff nach kurzem Widerstand vor dem Ansturm der Katholiken die Flucht. Prag konnte kampflos genommen, Friedrich V., der »Winterkönig«, ins Exil getrieben werden. Der im katholischen Europa enthusiastisch gefeierte Sieg auf dem Weißen Berg sollte auch langfristig der entscheidendste des ganzen Krieges bleiben.

Fahnen und Standarten
Die riesigen Fahnen der Infanteriekompanien und die kleinen Standarten der Kavallerie dienten im Gefecht als Führungs- und Orientierungsmittel und waren die Symbole und Ehrenzeichen der Truppe. Häufig zeigten sie religiöse Figuren, Symbole und Aufschriften. Ihr Verlust galt als Schande, ihre Erbeutung als besonderer Triumph. Während die eigenen Feldzeichen dem Verschleiß unterlagen und schließlich ersetzt wurden, bewahrte man die dem Feind abgenommenen als kostbare Trophäen in Kirchen, Schlössern, Zeughäusern, Stadthallen und Grüften auf. Fast alle noch erhaltenen Exemplare verdanken wir dem Umstand, dass sie dem Gegner in die Hände fielen. Die bedeutendste Sammlung von Feldzeichen des 17. Jahrhunderts befindet sich im schwedischen Armeemuseum in Stockholm. Darunter sind über 20 Stücke, die sich ligistischen Einheiten zuweisen lassen.

DIE TRIUMPHIERENDE JUNGFRAU

Keine Schlacht des Dreißigjährigen Krieges war so vom konfessionellen Gegensatz geprägt wie die auf dem Weißen Berg. Zahlreiche Jesuiten und Kapuziner, vor allem aber der vom Papst geschickte General des Karmeliterordens, der spanische Mystiker Dominicus a Jesu Maria, begleiteten die katholischen Armeen ins Feld. Vor Beginn des Angriffs stimmte der irische Jesuit Fitzsimon das »Salve Regina« an. Den Sieg schrieb man einem wundertätigen Bild zu, das Dominicus a Jesu Maria in Strakonitz gefunden hatte. Es stellte die Heilige Familie mit Hirten dar und war von protestantischen Bilderstürmern durch Ausstechen der Augen verstümmelt worden. Dominicus führte es in der Schlacht mit sich, später brachte er es nach Rom, wo es auf dem Hochaltar der Karmeliterkirche S. Maria della Vittoria seinen Platz fand. Der Name der Kirche erinnert bis heute an die Schlacht von 1620. Noch zwei weitere Kirchen, eine in Prag und eine auf dem Schlachtfeld selbst, wurden der »Maria vom Sieg« geweiht.

Das Bild von Strakonitz auf dem Hochaltar der Kirche S. Maria della Vittoria in Rom, umgeben von Fahnen und Standarten, die auf dem Weißen Berg und in anderen für Liga und Kaiser siegreichen Schlachten erbeutet wurden. Das Bild ist im 19. Jahrhundert verbrannt. Kupferstich aus Johannes Caramuels Biographie des Dominicus a Jesu Maria »Caramuelis Dominicus ...«, Wien 1655. Oben der dem Hohen Lied entstammende Spruch »Schrecklich wie die wohlgeordnete Front einer Heeresmacht«, der die ligistische Hauptfahne zierte, die Dominicus in Grieskirchen (Oberösterreich) geweiht hatte.

Fahne des ligistischen Regiments Alt-Tilly mit Altöttinger Madonna, Heiliger Kapelle und Lindenbaum, 233 x 290 cm, 1631 von den Schweden erbeutet.

»*Gaude Maria Virgo, cunctas haereses sola intermisti.*«
»*Freue dich, Jungfrau Maria, alle Irrlehren hast du allein überwunden*«

<small>Maximilian I. von Bayern vor seiner persönlichen Madonnenfahne während des Feldzuges 1620</small>

Der Kult der Gottesmutter Maria war ein Hauptanliegen der katholischen Gegenreformation. Als unbefleckte Jungfrau spiegelte sie die Reinheit der katholischen Lehre. Als apokalyptische Himmelskönigin verkörperte sie die heilige Macht der Kirche. Sie zertrat die Schlange des Bösen und stürzte an der Spitze der Engelscharen den Drachen des Unglaubens und der Ketzerei in die Hölle. Herzog Maximilian I. von Bayern, der Führer der Katholischen Liga, stellte sein Land unter den Schutz der himmlischen Jungfrau, machte sie zur »Patrona Boiariae«. Ihr Bild schmückte im Dreißigjährigen Krieg die Fahnen und Standarten der ligistischen Regimenter, mit den Schlachtrufen »Sancta Maria!« und »Jesus Maria!« stürzten sich Maximilians Soldaten in den Kampf. Auf dem Weißen Berg und auf vielen anderen Schlachtfeldern gewährte die Madonna den katholischen Truppen den Sieg. Tilly, Maximilians erfolgreicher Feldherr, war gleichfalls ein glühender Verehrer Mariens und ganz besonders des Altöttinger Gnadenbildes.

> »Gruß Dir, mächtige Jungfrau, edler Gast unseres Ötting!
> Die Du stehst auf der alten Schlange schlüpfrigem Nacken ...
> Dir zulieb führ' Krieg ich, und Dir zuliebe entflammt
> Heiliges Feuer mein Herz: allein gefielst und gefällst Du,
> Wirst auch allein nur gefallen, da Braut ich sonst keine hab',
>   keine ...
> Möchte doch unverändert der Bund, den wir schlossen,
>   o Jungfrau,
> Fortbestehn! Hier an Deinem Altar, sieh!, knie ich,
>   Dein Krieger,
> Da ich Dir weih'n will den Kranz, geziert mit Edelsteinen,
> Welchen einst Magdeburg mir zugab,
>   als ich stand vor den Mauern.
> Dir gebührt er; so knote das Haar, zu empfangen den Kranz ...
> O, so gedenk auch des Feldherrn Tilly, erfüll ihm die Ahnung
> Und nimm ihn, den im Leben Du schirmst, nach dem Tod
>   in Dein Haus auf!
> Gib, wenn für mich einst kommt die schwarze Stunde
>   des Scheidens,
> Daß auf bayrischer Erde die letzte Sonne mir leuchte!«
>
> *Gebet Tillys zur Altöttinger Madonna nach P. Jakob Balde S. J., »Magnus Tillius Redivivus«, 1632*

VON SIEG ZU SIEG

Nach der Entscheidung auf dem Weißen Berg besetzte Tilly 1621 die Oberpfalz und 1621/1622, zusammen mit den Spaniern, die Rheinpfalz. Dabei stellten sich ihm die Armeen von Söldnerführern entgegen, die selbständig für Friedrich V. kämpften, bezahlt von Mächten, die die Stärkung Habsburgs fürchteten, vor allem den niederländischen Generalstaaten. Tilly schlug sie der Reihe nach: den Markgrafen von Baden-Durlach bei Wimpfen (6. 5. 1622), den Herzog Christian von Braunschweig, bekannt als der Tolle Halberstädter, bei Höchst (20. 6. 1622) und bei Stadtlohn (6. 8. 1623), den Grafen Mansfeld bei Altenoythe (25./26. 12. 1623). Dabei verlagerte sich der Kriegsschauplatz allmählich nach Norddeutschland. Tilly wollte seine geschlagenen Gegner bis in die Niederlande verfolgen. Das verbot ihm jedoch Maximilian I., der in den spanisch-niederländischen Konflikt nicht hineingezogen werden wollte. Tilly befand sich auf der Höhe seines Ruhms und war der gefeiertste General Europas. 1625 griff der Dänenkönig Christian IV. in den Krieg ein. Ihn schlug Tilly entscheidend bei Lutter am Barenberge (27. 8. 1626). Diese Schlacht, seine wohl glänzendste Waffentat, zeigte den alten Soldaten auf der Höhe seiner Leistungskraft. Gemeinsam mit der neuen kaiserlichen Armee unter Wallensteins Kommando drang er an die Nordseeküste vor und zwang Christian 1629 zum Frieden. Im Vollgefühl des Sieges erließ Kaiser Ferdinand II. im gleichen Jahr das Restitutionsedikt, dem zufolge aller geistliche Besitz, den sich protestantische Reichsstände in den letzten Jahrzehnten angeeignet hatten, zurückzugeben war. Dies bedeutete im ganzen Reich eine große Verschiebung zugunsten der katholischen Kirche. Tilly war ein überzeugter Vollstrecker des Edikts.

DIE NIEDERLAGE DES PFAFFENFEINDES

Der junge Heißsporn Christian von Braunschweig, Administrator des Bistums Halberstadt und daher genannt der Tolle Halberstädter, war ein protestantischer Überzeugungstäter. So ließ er aus eingeschmolzenen Kirchenschätzen Taler prägen mit der Aufschrift »Gottes Freund, der Pfaffen Feind.« Es wird daher Tilly eine besondere Genugtuung gewesen sein, den »Pfaffenfeind« mehrfach zu schlagen. Die Niederlage, die dieser am 6. 8. 1623 bei Stadtlohn in Westfalen erlitt, war eine der vernichtendsten des Krieges. Wie den meisten Siegen Tillys ging der Schlacht eine verfolgungsartig vorangetriebene Offensive voraus, die seiner Armee noch vor Kampfbeginn die moralische Überlegenheit verschaffte. In der Schlacht selbst ergriff Tilly sofort die Initiative und war bereit, Geländehindernisse zu ignorieren und erhebliche Risiken einzugehen, um eine rasche und gründliche Entscheidung zu erzwingen. Nicht nur in Operationsführung und Taktik war Tilly ausnehmend aggressiv, auch in seiner Strategie strebte er eine den Krieg möglichst schnell beendende Entscheidung an. So wollte er nach Stadtlohn die Trümmer der geschlagenen Armee in die Niederlande verfolgen und das »Übel« an der Wurzel packen. Das wurde ihm aber bei dieser, wie auch bei anderen Gelegenheiten, von Maximilian I. aus politischen Gründen untersagt. Immer wieder warnte Tilly vor den unabsehbaren Folgen eines sich in die Länge ziehenden Krieges.

Unter den bei Stadtlohn erbeuteten Fahnen befanden sich die des Leibregiments mit der Aufschrift *Tout pour Dieu et pour elle – Alles für Gott und für sie*. *Sie*, das war Elisabeth Stuart, die Gattin des Winterkönigs. Tilly empörte sich, dass der Halberstädter diese Frau und Gott in einem Atemzug nannte, und schickte die Feldzeichen nach S. Maria della Vittoria in Rom, wo sich eines von ihnen erhalten hat.

AN DER SEITE DES FRIEDLÄNDERS

Der Kriegseintritt Dänemarks machte ein stärkeres militärisches Engagement des Kaisers erforderlich. Mangels Geld löste dieser das Problem, indem er Albrecht von Wallenstein, Herzog von Friedland (1583–1634), einem schwerreichen böhmischen Kriegsunternehmer, ein Generalat mit größten Vollmachten übertrug, vorausgesetzt, dieser finanzierte die Armee selbst. Wallenstein tat das, indem er nicht nur den Unterhalt, sondern auch die Soldzahlung seiner Truppen den besetzten Gebieten aufbürdete. Das ermöglichte ihm die Aufstellung einer Streitmacht von konkurrenzloser Stärke. Zudem bot er den Offizieren die altgewohnten Freiheiten des Söldnerführers. So strömten viele der ligistischen Kommandeure den Fahnen des Friedländers zu, darunter einige der besten, wie Tillys designierter Nachfolger Johann von Anholt.

> *»So lang ich aber mit dem Herrn Herzog von Friedland zu schaffen und mein Obacht auf ihn haben muß, so lang verursacht er mir auch alle Stund Unruhe und einen Aufruhr und Lärmen über den anderen.«*
>
> Tilly an Maximilian I. über Wallenstein, 14. März 1626

> *»… so daß, wenn ich noch so sehr travailliere und das äußerst Mögliche geleistet haben werde, man trachten wird, mich auf meine alten Quartiere zu beschränken, damit ich ein paar alte Knochen benage, während Andere [Wallenstein] durch das von mir geöffnete Tor einziehen, um das Fleisch zu genießen.«*
>
> Tilly an Aldringen, Lauenburg, 22. August 1627 (Original in französischer Sprache)

> *»Von General Tilly habe ich in nichts kein einzige Assistenz, denn er tyrannisiert mich wie sein Principal [Maximilian I.] unsern Herrn den Kaiser …«*
>
> Wallenstein an Harrach, Aschersleben, 16. März 1626

> *»… er vor sein Person ist gewiss gut und willig, es kommen ihm aber selzame Ordinanzen aus München zu …«*
>
> Wallenstein an Harrach, Aschersleben, 23. Juli 1626

Wallenstein behandelte den verbündeten Feldherrn mit Respekt und versuchte sogar, ihn mit territorialem Gewinn zu ködern, ihn womöglich Maximilian abspenstig zu machen, womit er freilich keinen Erfolg hatte. Dennoch sahen sich die Armee der Liga und ihr General zusehends zur Seite gedrängt, während der kaiserliche Generalissimus undurchsichtige politische Ziele verfolgte.

Viele Reichsfürsten, allen voran Maximilian I., begannen den Sturz des Friedländers zu betreiben.

DOPPELTES KOMMANDO MIT 71 JAHREN

Auf dem Kurfürstentag von Regensburg wurde im Sommer 1630 der Kaiser genötigt, Wallenstein zu entlassen. Zum Nachfolger bestimmte man im November Tilly, doch ohne die Vollmachten seines Vorgängers. Er war nun Generalleutnant der Liga und des Kaisers zugleich, eine Doppelbelastung, die der 71-Jährige nur aus schwer empfundener Pflicht übernahm. Er war der einzige mögliche Kompromisskandidat, habsburgisch aus Prinzip und Neigung, bayerisch-ligistisch aus persönlicher Treue. Und er war ein Mann, von dem man wusste, dass er ohne persönlichen politischen Ehrgeiz war. Doch wie er sich verhalten würde, wenn er widersprüchliche Befehle aus Wien und München erhielt, das konnte niemand vorhersagen, am wenigsten wohl der greise Feldherr selbst. Die Beschlüsse von Regensburg sollten sich als der tragische Wendepunkt seines Lebens erweisen.

DER LÖWE AUS MITTERNACHT

Als Tilly im November 1630 in Regensburg sein Doppelkommando übernahm, hatte bereits ein neuer Feind den Boden des Reiches betreten: Gustav II. Adolf, König von Schweden (1594–1632), der im protestantischen Deutschland ersehnte »Löwe aus Mitternacht«. Der Vormarsch der Kaiserlichen bedrohte Schwedens Hegemonie im Ostseeraum. Auch war es Gustav Adolf ein Anliegen, den bedrängten deutschen Protestanten zu helfen und sich zu ihrem Schutzherrn aufzuschwingen. Während Kaiser und Fürsten in Regensburg zankten, fasste der Schwedenkönig im Nordosten des Reiches Fuß. Die nach Wallensteins Entlassung nur mehr miserabel versorgten Kaiserlichen leisteten kaum Widerstand. Tilly war über die Zustände entsetzt, als er im Winter 1630/1631 an die Front eilte.

> *»... daß ich die Tag meines Lebens kein Armada gesehen, denen alle notwendigen Requisita von größerstem bis zum geringsten auf einmal totaliter abgehen, zumal keine Artilleriepferde, kein einziger Offizier, keine Stücke, so zu gebrauchen, kein Pulver, Kugeln Hacken und Schaufeln, kein Geld noch Proviant vorhanden, daß ich gegen den Feind, wie gern ich es gleichsam wollte, nichts Fruchtbarliches tentieren kann, sondern muß alle Occasiones wider meinen Willen vergebens hingehen lassen. Und verwundert mich über das zum höchsten, daß die armen Soldaten bei ihrer so großen Bedürftigkeit so lang geblieben sind.«*
> *Tilly über die kaiserlichen Truppen, 25. Januar 1631*

> *»Und wo Tilly, ist alles Volk herzhaft, wo er aber nicht ist, alles verzagt.«*
> *Bericht eines Agenten, 28. Juni 1631*

Mit allem Nachdruck mahnte er die fehlenden Mittel an und drohte mehrmals mit Rücktritt. Er raffte Truppen zusammen, um Gustav Adolf zur Schlacht zu zwingen, doch dieser wich aus. Bevor er nicht ein starkes Bündnis mit den protestantischen Reichsfürsten zustandegebracht hatte, wollte er kein Risiko eingehen, stand ihm doch Europas siegreichster Schlachtenlenker gegenüber.

An den erhofften Alliierten mangelte es aber noch. Nur Magdeburg hatte im August 1630 ein Bündnis mit den Schweden abgeschlossen. Doch damit hoffte Gustav Adolf, »die Rakete des Universalaufstandes« in Deutschland zu entzünden.

5 Tillys Stern sinkt

DIE ERSTE KATASTROPHE: MAGDEBURG

Tilly schritt im Frühjahr 1631 zur systematischen Belagerung Magdeburgs. Die Bedrohung seines einzigen Verbündeten sollte Gustav Adolf aus der Reserve locken. Außerdem stellte die Rebellenstadt einen Unruheherd in Tillys Rücken dar und bot ein lockendes Ziel, um mit ihren reichen Vorräten der verzweifelten Versorgungslage abzuhelfen. In falschem Vertrauen auf Gustav Adolfs Hilfsversprechen und die Solidarität der protestantischen Reichsstände lehnte Magdeburg jedoch alle Kapitulationsaufforderungen ab.

> *»... dafür uns selbst herzlich leide wäre.«*
> *»... Also haben wir keinen Umgang nehmen mögen, Euch dessen hiermit aus getreuer, gegen Euch und den Eurigen tragender Sorgfalt und Wohlmeinung zum Überfluß zu erinnern und zugleich mit Ernst zu ermahnen und verwarnen, ihr wollet euch die Gnadentür, die ihr noch dieser Zeit offen habt, nicht ganz praecludieren, sondern von eurer bis dato erzeigten Widersetzlichkeit alsobald und unverzüglich in der Tat abstehen ... nicht zweifelnd, ihr werdet mit reifer Erwägung aller dieser Sachen ... in Euch selbst gehen, euer Bestes und Frommen suchen und werben und es zu denen vor Augen schwebenden, unausbleibenden, höchschädlichen Extremitäten, worauf euer, auch euer Weib und Kinder samt allen Hab und Gütern äußerstes Unglück und sämtliche Verlust, dafür uns selbst herzlich leide wäre, bestehen und haften tut, mit solcher Vorsätzlichkeit nicht kommen lassen ...«*
>
> Kapitulationsaufforderung Tillys an Bürgermeister und Rat der Stadt Magdeburg vom 4. Mai 1631

Am 20. Mai 1631 ließ der Generalleutnant nach langem Zögern die Stadt erstürmen. Nach Kriegsrecht hatten die Verteidiger einer Festung, welche die Kapitulation abgelehnt hatte und die mit stürmender Hand genommen worden war, kein Recht auf Schonung. Gegenüber der Zivilbevölkerung stand den Soldaten das uneingeschränkte Plünderungsrecht zu. Das war auch der Standpunkt der zeitgenössischen kriegsjuristischen Literatur. Wie fast immer in solchen Fällen, artete das in einen mörderischen Amoklauf aus. Aus bis heute ungeklärten Gründen flammten zudem Brände auf, die durch einen Nordoststurm über fast die ganze Stadt verbreitet wurden und dem Schrecken der Eroberung apokalyptische Dimension verliehen. Eine von Tilly beabsichtigte Brandlegung kann ausgeschlossen werden, denn er wollte ja Magdeburg und seine Vorräte möglichst intakt in die Hand bekommen. Dank seines persönlichen Eingreifens konnten wenigstens der Dom und das Kloster U. L. Frau gerettet werden.

Die Zahl der Toten wird auf wenigstens 20.000 geschätzt, von denen die meisten in ihren Kellerverstecken am Rauch erstickt waren.

Die Eroberung und Zerstörung Magdeburgs am 20. Mai 1631 wurde zum Inbegriff der Schrecken des Dreißigjährigen Krieges. In zahllosen Flugblättern und Flugschriften stellte man Tilly als den gewalttätigen Freier der Magdeburger Jungfrau dar, redete von der Magdeburger Bluthochzeit. Es war ein alter Sprachgebrauch, eine Belagerung mit einer Brautwerbung und eine Brautwerbung mit einer Belagerung zu vergleichen. War es doch seit dem Altertum Sitte, Länder und Städte als Frauen und Göttinnen zu personifizieren. Im Falle von Magdeburg bot sich dieses Bild ganz besonders an. Ihrem Namen entsprechend, führte die Stadt eine Magd, eine Jungfrau mit Kranz, in ihrem Wappen. Zweimal schon, 1551 und 1629, hatte Magdeburg der Belagerung durch kaiserliche Truppen getrotzt. Als 1631 die Armee Tillys vor den Mauern erschien, errichteten die Bürger herausfordernd Bilder der Magdeburger Jungfrau auf ihren Toren. Zerschossen, verstümmelt, verbrannt, spiegelten sie nach dem Sturm das schreckliche Schicksal der rebellischen Stadt.

»Da war ein solches Donnern und Krachen von Musketen, Feuermörsern und Kartaunen, daß niemand weder hören noch sehen konnte … Vor dem Sturm, welcher zwischen 8 und 9 Uhr seinen Anfang hatte, hat der General allen Soldaten und Offizieren guten Rheinischen Wein schenken lassen, welcher auch eine gute Courage gab … Inzwischen wurde der Generaladjutant … hereingesandt, welcher … ein paar Häuser anzuzünden Befehl gab, in Meinung, die Bürger von Waffen ab und zum Löschen anzuweisen. Wann es nun am 20. Mai 1631 ein heller, schöner und stiller Tag war, wurden 2 Häuser angezündet, die brannten nun eine gute Stunde hell wie ein Licht. Es wollte sich aber kein einziger Bürger zum Löschen begeben, sondern fochten an allen Enden der Stadt unaufhörlich und desperat … Das Fechten in den Gassen, welche zum Teil mit Ketten bezogen waren, hatte uns … dermaßen abgemattet, daß wir kaum japsen konnten. Indem nun unsere Reiterei mit Heerpauken- und Trompetenschall durch die Lakenmacherstraße anmarschiert kam, begann der Feind zu weichen … und stand ein großer Sturmwind auf, die Stadt ging an allen Orten mit Feuer an, daß auch ganz keine Rettung noch einige Hilfe war; aber dem Herrn General Tilly jammerte die schöne Domkirche, ließ also bald 500 Fußsoldaten zum Löschen kommandieren, wobei er selber war. Er erhielt darauf nicht allein den Dom, sondern auch das schöne Kloster und alle Häuser am neuen Markt. Ich war, Gottlob!, so weit unbeschadet geblieben und mußte sehen, daß jedermann Beute machte … ich bekam unter andern gut Silber- und Goldgerät, auch eine schöne güldene Kette mit einem köstlichen Kleinod … Da sah ich mit Seufzen die ganze Stadt Magdeburg … in der Glut und in der Asche liegen, welches nur in die 3 oder 3 ½ Stunden gedauert, woraus ich dann Gottes sonderbare Allmacht und Strafe erkennen konnte.«

Jürgen Ackermann, ein protestantischer Hauptmann im ligistischen Regiment Pappenheim in seiner Selbstbiografie

»Man sah Magdeburgs ferne Rauchwolken, und es schimmerten große Tränen durch die Flammen, welche aber, ach!, einen solchen Brand nicht auslöschen sollten.«

P. Jakob Balde S. J., »Magnus Tillius Redivivus«, 1632

»Gott sei ewig gelobt, Magdeburg ist gedämpft, und ihre Jungfrauschaft ist hinweg. Wir haben's mit stürmender Hand gestern um 9 Uhr vormittags erobert, über die vier Stunden gefochten … Als nun die Grausamkeit der Soldateska schon aufgehört, hat der gerechte Zorn und Straf Gottes erst angefangen. Sind viele Feuer aufgegangen, zugleich etliche Minen, so sie gemacht haben, die haben innerhalb weniger Stunden diese schöne Stadt mit allem ihrem großen Reichtum in die Asche gelegt. Was sich nun an Menschen in die Keller und auf die Böden versteckt, das ist alles verbrannt. Ich halte dafür, es seien über zwanzigtausend Seelen darübergegangen. Es ist gewiß seit der Zerstörung Jerusalems kein gräulicheres Werk und Strafe Gottes gesehen worden. All unsere Soldaten sind reich geworden. Gott mit uns.«

Bericht des logistischen Feldmarschalls Gottfried Heinrich Graf Pappenheim vom 21. Mai 1631

»Wenn er die Vergeltung sieht, freut sich der Gerechte; er badet seine Füße im Blut des Frevlers.«

Psalm 58, 11. Von Papst Urban VIII. in einem Schreiben an Tilly zitiert, in dem er zur Eroberung von Magdeburg gratulierte (18. 6. 1631)

»Magdeburg hat sich allezeit, wiewohl fälschlich, eine Jungfrau genennet. Aber diese Jungfrau liegt nun in der Aschen samt der Bürger eigenem Verderben. Sie hatten auf dem Krökentor ein hölzernes Jungfraubild, gar schön geschnitzt und farbig geputzt, einer ziemlichen Größe, lassen aufsetzen einen Kranz auf den Kopf, anzudeuten, daß vor diesem zur Zeit Karls V. die Stadt Jahr und Tag belagert gewesen und die Jungfrau dennoch ihr Kränzlein auf dem Kopf behalten. Den anderen Kranz hielt sie in der linken Hand vor die Brust, daß sie der Herzog von Friedland auch belagert anno Christi 1629. Aber dennoch hat sie ihre Kränzlein noch behalten. Den drit-

```
                                    CAPITVLATIONES,
...ggstalt Herrn General Graffen von Tilly den 20 May 1631 die alte Iunckfrau zu Magdeburg verheirat worden.
                                  vnd seind volgende Heiraths Nott.
..ol Vlm das Heiratguet geben.           | 6  schenckt Wirtenberg den Wein.
.traßburg die Morgengab darlegen.        | 7  all vngehorsame Statt zusamen.
.Virdt Nuerenberg die Hochzeit halten.   |    volgen der Brautt in Gottes namen.
.ugspurg vnd Regenspurg alß Brautfuerer walten. |  da wirt bey dieser Hochzeit eben.
.König in Schweden Ehrvatter sein.       |    gantz schön blutfarbe Krenzel aufgeben.
```

»Wiegestalt Herrn General Graffen Tilly den 20 May 1631 die alte Jungkfrau zu Magdeburg verheiratet worden.« Auf diesem seltenen Beispiel eines prokaiserlichen Flugblatts führt Gustav Adolf seinem Gegner die Braut zu, womit auf seine falschen Versprechungen und unterlassene Hilfeleistung als Grund für die Katastrophe der verbündeten Stadt angespielt wird.

> ten Kranz zeigte sie mit dem rechten Arm ausgestreckt in die Höhe, als wollte sie anzeigen: Trutz, wer ist so keck, der das Kränzle darf holen? Aber der alte Bräutigam General Tilly hat's gewagt und geholt. Über diesen Kranz und diesen Sieg hat sich aber Tilly nicht gefreut, sondern schwer seufzend beklagte er das Schicksal der Stadt. Diese Jungfrau sah man nachmals im Graben liegen ...«

Der Prämonstratenserpropst Zacharias Bandhauer nach Berichten seiner während der Belagerung in Magdeburg weilenden Ordensbrüder

> »Die siegreichen Soldaten schmähten die unterworfene Magdeburger Jungfrau, die – o welches Unglück! – von den Triumphierenden wahrhaftig entjungfert und vergewaltigt worden ist, während sie die schöneren unter den lebendigen Frauen und Jungfrauen jammernd, schluchzend, entehrt, halbnackt

als Gefangene herausführten, die nun hören mußten, daß der Spottvers sich ins Gegenteil verkehrt:
›Die Metz und die Mägd haben dem Kaiser den Tanz versagt.‹

Ständig mahnte ich dabei die mir begegnenden Soldaten, die Frauenehre zu schonen und sich des Mordens zu enthalten, wie Tilly es befohlen hatte. Aber ach, schon waren alle Straßen gepflastert mit den nackten Leichen der Gemordeten. Öffentlich tobten unsere siegreichen Soldaten ihre hündische Lust an den Frauen der Geschlagenen aus. Dieses schändliche Verhalten verwandelte unsere siegreichen Heere in besiegte und machte aus all ihren Triumphen beständige Niederlagen.«
Bericht des Jesuitenpaters Wiltheim

»... zwey Worte des Grafen Tilly bestimmen Magdeburgs Geschick. Ein nur etwas menschlicher Feldherr würde solchen Truppen vergeblich Schonung anbefohlen haben; Tilly gab sich auch nicht die Mühe, es zu versuchen ... Einige logistische Offiziere, von diesem grausenvollen Anblick empört, unterstanden sich, den Grafen Tilly zu erinnern, daß er dem Blutbad möchte Einhalt thun lassen. ›Kommt in einer Stunde wieder, war seine Antwort. Ich werde dann sehen, was ich thun werde; der Soldat muß für seine Gefahr und Arbeit etwas haben.‹«
Friedrich Schiller, »Geschichte des Dreißigjährigen Krieges« (1791/92)

DIE ZWEITE KATASTROPHE: BREITENFELD

Auch nach der Eroberung Magdeburgs blieb Tillys Situation sehr schwierig. Gustav Adolf zog sich in unangreifbare Positionen zurück. Die neutralen protestantischen Mächte rüsteten unverhohlen auf und bedrohten Tilly in Flanke und Rücken. Dieser wollte die wichtigste, das Kurfürstentum Sachsen, rechtzeitig entwaffnen, damit einen potentiellen Verbündeten des Schwedenkönigs unschädlich machen und mit der Besetzung des bisher unverwüsteten Landes seine logistischen Probleme lösen. Maximilian I. widersetzte sich jedoch diesen Absichten. Ihm ging es nur um den Schutz der Länder der Liga. Aus dem Kampf gegen Schweden wollte er sich möglichst heraushalten, schon gar nicht sich Sachsen zum Feinde machen. Der Kaiser, der seine Erblande bedroht sah, ließ Tilly schließlich freie Hand gegen Sachsen. Das gab den Ausschlag im Widerstreit der Weisungen, zumal Maximilian einen eindeutigen Befehl vermieden hatte. Anfang September, nach fatalen Zeitverlusten, marschierte Tilly in das Kurfürstentum ein, doch zu spät, um ein offenes Bündnis zwischen Schweden und Sachsen und die Vereinigung beider Armeen noch verhindern zu können. Nun fühlte sich Gustav Adolf stark genug für die Schlacht. Obwohl der Gegner deutlich überlegen war und er selbst noch Verstärkungen erwartete, ging Tilly der lange gesuchten Entscheidung nicht aus dem Weg. So kam es am 17. September 1632 bei Breitenfeld nördlich von Leipzig zur größten Schlacht des Krieges. Zwar gelang es Tilly in einem schräg geführten Hauptstoß rasch, die sächsische Armee zu schlagen, doch gerieten seine Kolonnen dabei in Unordnung und wurden von den wendigeren, ihre Waffengattungen geschickt kombinierenden Schweden in der Flanke gepackt und vernichtend geschlagen.

> »Dergleichen Accident bringt der Krieg mit sich und sind vielen anderen großen Potentaten und tapfern Generalen zugestanden, welche hinwieder der Allmächtige wieder mit ansehnlichen berühmten Victorien und einem guten Ausgang des Krieges begnadigt ...«

Maximilian I. an Tilly nach Erhalt der Nachricht der Niederlage bei Breitenfeld, 29. September 1631

»WER KANN WIDER GOTT?«

Nach der Niederlage von Breitenfeld ergoss sich eine Flut von Flugblättern über Deutschland. Da man den Kaiser nicht direkt anzugreifen wagte, wählte man den General der Liga zur Zielscheibe der Attacken. Die »Magdeburger Bluthochzeit« wurde erst jetzt zum großen Thema. Breitenfeld betrachtete man als gerechte Strafe für den Massenmord an der Elbe. Im »Tugend- und Lasterkampf« musste Tilly als Vertreter der Papstkirche, die man mit dem Antichrist und den Monstern der Apokalypse gleichsetzte, Gustav Adolf hoffnungslos unterliegen.

Reiterbild Tillys vor dem belagerten Magdeburg mit der Beschriftung »Wer kann wider Gott.« Das Gegenstück rechts zeigt die Folgen.

Tilly sprengt vor dem Hintergrund der leichenbedeckten Walstatt von Breitenfeld dahin. Es wird ihm zwar bescheinigt, sein Bestes getan zu haben, doch Gott kann er nicht widerstehen.

»Tugendt vnd Laster = Kampf«. Gustav Adolf führt auf dem Löwen aus Mitternacht die Tugenden an, Tilly auf einem Wolf im Schafspelz die Laster.

»... Nachdem er [Tilly] aber sich an Blutschuld vollgesoffen
Vnd an der Sachsen Magd die Keuschheut abgeloffen,
So kann er in der Schlacht nicht mehr, wie vor, bestehn,
Vnd muß vor seinem Feind in stetten fliehen gehn.
Denn wer sich Blutvoll säufft, hat kein recht geschicke;
Drumb heist er billich nur, wie ers verdient hat,
Ein Hurer, Trunckhnpolt, vnd flüchtiger Soldat.«

Der Leipziger Dichter Georg Gloger, Herbst 1632

Kalter Kampff

Neben die moralische Verurteilung trat die Verhöhnung des nun endlich besiegten vermeintlich Unbesiegbaren. Man stellte ihn als alten Nascher dar, der sich am sächsischen Konfekt vergreift und dabei von Gustav Adolf und Kurfürst Johann Georg kräftig auf die Finger gehauen wird. Oder er verdirbt sich mit den Süßigkeiten, die ihm seine Feinde auftragen, Magen und Zähne. Schließlich lässt man ihn als unglücklichen Büßer durch die Lande pilgern, sich vor Gustav Adolf verstecken, seine Zuflucht im Kloster suchen oder gar an Selbstmord denken. Keine andere Figur des Krieges wurde in solchem Maß von der gegnerischen Propaganda demontiert wie Tilly nach der Niederlage von Breitenfeld.

»Sächsisch Confect.« Tilly will von der sächsischen Konfekttafel naschen, doch Gustav Adolf und Kurfürst Johann Georg hauen ihm vor dem Hintergrund der Breitenfelder Schlacht kräftig auf die Finger.

DIE LETZTE SCHLACHT

> »... der vorige vigor [Kraft] nit mer vorhanden, ist ganz perplex ..., in consiliis ganz irresolut, waiß ihm nit daraus zu helfen, kommt von einem proposito [Vorschlag] auf ander, concludirt [entscheidet] nichts, sieht die große difficulteten und extremiteten, bekent aber diserte [ausdrücklich], daß er kein rath noch mitel wisse ... gehen ihm stettiges, wan er in hac materia [in dieser Sache] redet, die Augen über.«
>
> Ein Teilnehmer eines am 11. Dezember 1631 in Donauwörth abgehaltenen Kriegsrats über Tilly

Mit Breitenfeld brach die ganze Machtstellung des Kaisers und der Liga zusammen. Gustav Adolfs siegreiche Armee durchzog Franken und das Oberrheingebiet. Im Frühjahr 1632 näherte sie sich der bayerischen Grenze. Tilly, der seit Breitenfeld geistig und gesundheitlich ein gebrochener Mann war, versuchte den weit überlegenen Gegner am Lech aufzuhalten. Angesichts der Bedrohung seines Landes hatte sich auch Kurfürst Maximilian zur Armee begeben. Unter dem Schutz einer schweren Kanonade bildeten schwedische Truppen südlich von Rain am rechten Lechufer einen Brückenkopf.

> *»Bald ist die schwedische Armee auch da gewesen und hat uns von Donauwörth weggejagt. Nach Rain am Lech, eine Festung. Hier haben wir uns gesetzt. Da ist viel Landvolk zu uns gestoßen, aber alles umsonst. Als der König mit Macht ist auf uns gegangen, mit Kanonen geschossen daß etliche gefallen sind, als auch General Tilly ist mit einer Kugel geschossen worden, da sind die anderen alle davongelaufen.«*
>
> Tagebuch eines Soldaten vom Regiment Pappenheim

Tilly führte seine Infanterie zum Gegenangriff. In vorderster Linie fechtend, traf ihn am Abend des 15. April die Kugel eines Doppelhakens, einer schweren Muskete mit einem Kugelgewicht um 80g, und zerschmetterte den rechten Oberschenkel.

> *»Gleich jetzt wird dem Grafen von Tilly ein Schenkel mit einem Doppelhaken entzweigeschossen, sorg' es werd' nicht ohne Gefahr sein.«*
>
> Maximilian I. an Wallenstein, Gefechtsfeld »ein Stund oberhalb Rain«, 15. April 1632

Der Preis des Heldentums

»Zweimal empfing er vorn am linken Bein eine Wunde. Einmal wurde er dort, wo das Schienbein ganz unten ein wenig zurücktritt von einem tartarischen Pfeil in Ungarn, als er unter Mercoeurs Führung diente, getroffen. Wieder wurde er am Knie desselben Beins durch eine aus einem schweren Geschütz abgefeuerte Kugel bei Pinneberg, einer von einer dänischen Besatzung verteidigten Stadt, verwundet. Im Jahre 1607, im Monat September, empfing er am linken Arm drei Wunden. Die erste, von einer Kugel herrührend, befindet sich etwas unter dem Armgelenk ... die zweite an der vorderen Schulterseite, wo der Arm aufhört, indem die Kugel mitten unter der Achsel wieder einen Ausgang fand ... Der Arm wurde durch diesen Schuß unbrauchbar, verlor die meiste Kraft und diente nur mehr zu Führung der Zügel. Die dritte fügte ihm ein Säbelhieb zu, welcher die Schulter traf und verwundete, als der Held einem heranstürzenden Gegner den Arm entgegenhielt. Aus der Schlacht bei Leipzig [Breitenfeld] trug er die sechste Wunde davon. In derselben traf eine Kugel den Rücken des Reiters gerade dort, wo die unteren Rückenwirbel von unten emporsteigen … eine zweite Verwundung und sonach schon die siebente erhielt er auch in der Schlacht bei Leipzig, indem er von einer weiteren Kugel getroffen wurde, welche hart am Sattel eindrang und die Sitzteile streifte … Die verhängnisvolle achte Wunde hat nicht so sehr Tilly als das römische Reich empfangen am Ufer des Lechs, nicht ferne von einem bayerischen Städtchen mit Namen Rain. Eine einpfundige Kugel nämlich, welche aus einem schwedischen Geschütz, einem sogenannten Falken, abgefeuert worden war, traf oberhalb des Knies so stark, daß sie die Knochen und das ganze Bein von der Seite durchdrang und sich einen Weg bahnte, bis sie endlich müde in den Stiefel hinabfiel. Die Knochen waren durch den schrecklichen Schuß zerschmettert und hatten, weil sie mit ihren Spitzen im verwundeten Fleisch hängen blieben, ungeheure Schmerzen zur Folge, welche er jedoch ohne Klage und, wie es sich für den großen Tilly geziemte, mit unveränderter Miene ertragen hat.«

P. Jakob Balde S. J., »Magnus Tillius Redivivus«, 1632

In der Nacht trat Maximilian den geordneten Rückzug auf das stark befestigte Ingolstadt an. Er rettete damit seine Armee vor der drohenden Vernichtung, gab sein Land jedoch der Verwüstung preis. Der tödlich verwundete Generalleutnant kümmerte sich weiterhin um die verzweifelte militärische Lage. Er beschwor Wallenstein, den der Kaiser inzwischen wieder zu seinem Generalissimus ernannt hatte, eilends zur Hilfe zu kommen, und er riet Maximilian, Regensburg einzunehmen, um sich die Verbindung mit den Kaiserlichen offenzuhalten. Dies war eine folgenreiche Maßnahme: Von nun an verlor Gustav Adolf die Initiative, sein weiträumiger Siegeszug war beendet. Sieben Monate später fand auch er bei Lützen den Schlachtentod.

> »... so nannte ihn Seine Majestät dennoch, als der König [Gustav Adolf] von Tillys Tod erfuhr, den ehrenwerten alten Tilly, dessen Taten in seinem Leben so ruhmvoll gewesen seien, daß sie nach seinem Tode zu unvergänglichen Denkmälern seines Ruhmes würden und ihm ein ewiges Andenken sicherten, so daß sein Name mit der Zeit nicht verblassen würde. Und der König sagte, sein Wunsch sei es, ebenso tapfer nach dem Reiche Gottes zu streben. Dann sei sein Tod nicht bitter für seine Freunde, und er würde einen unsterblichen Namen gewinnen.«

Der schottische Oberst in schwedischen Diensten Robert Monro (His Expeditions with the Worthy Scots Regiment ...«, 1637, 29. Kapitel)

Befreiende Todesverachtung

»Was ist älter als der Krieg? Krieger waren David, Josua, Gideon, Judas Makkabäus; Krieger waren die meisten römischen Consuln und Caesaren, die bis zu diesem Gipfel der Ehre sich erhoben. Selbst der Gott der Heerscharen liebt den Glanz dieses Namens ... Wie erbärmlich ist es, zu zagen und das Leben für das Höchste zu halten, von keiner Ruhmbegierde geleitet zu sein! Wo Furcht, die grausamste Leidenschaft, das Innere des Menschen schändet, da muß man nichts für erbärmlicher halten als das Leben und nichts für erwünschter als den Tod. Und doch kann man finden, daß die Furchtsamen die natürliche Qual ihres Unglücks lieben und vor dem Tod vor allem zurückschrecken. Tapferer Männer Sache ist es, diesen Todespfeil mit trotziger Miene zu empfangen und zu sagen: ›Endlich einmal!‹«

P. Jakob Balde S. J., »Magnus Tillius Redivivus«, 1632

6 Ende und Verklärung

TOD IN INGOLSTADT, LETZTE RUHE IN ALTÖTTING

»Der große Tilly lag auf dem Paradebett, wie wenn er noch lebend den gepreßten Atem zum Aushauch sammeln wollte, in seinen Gesichtszügen nicht entstellt, nicht erschlafft, noch ganz der unveränderte Tilly, und seine Miene war so, wie sie eine volle Verklärung zu haben pflegt ... Wohin wir übrigens die Blicke im jenem Totenzimmer warfen, atmete alles eine ungewöhnliche Ehrfurcht, einen Glanz der Tugend und einen heiligen Schauer vor einer ruhmreichen Größe. Denn außerdem, daß drei Tage und Nächte fortwährend an der Bahre Lichter brannten und der Zutritt, den man wetteifernd verlangte, gestattet war, begehrte man bereits unter Äußerungen von Freude und Gelöbnissen Reliquien zum Andenken an den großen Feldherrn und vielleicht in der Hoffnung, durch das Verdienst seiner Fürbitte Hilfe zu erlangen. Diese wollen von seinen Gerätschaften, jene ein Stückchen von dem zerschossenen Beine haben, um es fromm in Ehren zu halten. Man zeigte mir das Herz, einst der edle Sitz der Lebensgeister und die ganze Schwerkraft des Krieges ...«

P. Jakob Balde S. J., »Magnus Tillius Redivivus«, 1632

Tilly wurde in das Haus des Professors Arnold Rath nahe dem Ingolstädter Jesuitenkolleg gebracht. Maximilians Leibarzt und ein mit Gustav Adolfs Einverständnis aus Ansbach geholter Chirurg kümmerten sich um die Wunde, konnten aber nicht verhindern, dass eine Knochenmarkentzündung *(Osteomylitis)* ausbrach, die ein von schrecklichen Schmerzen begleitetes typhusähnliches Eiterfieber auslöste. Während Gustav Adolf vergeblich gegen die bayerischen Schanzen auf dem Südufer der Donau anrannte, starb sein Gegenspieler am Abend des 30. April.

Portrait Tillys auf dem Totenbett. Das individuellste Bildnis des Generals, ein Tafelgemälde von 58 x 39,6 cm, muss Anfang Mai 1632 von einem Ingolstädter Künstler gemalt worden sein.

> »Domine in te speravi: ne confundar in aeternum.«
> »Herr, auf Dich habe ich meine Hoffnung gesetzt: In Ewigkeit werde ich nicht an Dir irrewerden.«
>
> Letzte Worte Tillys

Tilly hatte sich in ständiger Betreuung durch jesuitische Geistliche befunden. Ein Kreuz war so aufgestellt, dass er es ständig im Blick hatte. Er starb so den mustergültigen Tod eines »*miles Christianus*«, eines Soldaten Christi.

> »Unser frommer alter braver Tilly ist auch an einem bessern Ort, hoff', er sei im Himmel, dahin unser Herr uns allen helfen wolle.«
>
> Maximilian I. an Herzog Albrecht von Bayern, Regensburg 3. Mai 1632

Der Leichnam blieb drei Tage aufgebahrt und wurde dann in die Hl. Kreuz-Kirche des Jesuitenkollegs gebracht. Er lag dort bis 1652 unter dem Altar der Hieronymus-Kapelle bestattet. Dann wurde er, dem Wunsch des Sterbenden gemäß, nach Altötting gebracht.

> »Wann aber der gute, fromme, ritterliche Held selig [Tilly] gegen diesen heiligen Ort [die Hl. Kapelle in Altötting] jederzeit eine sonderbar große Devotion getragen, der seligsten Jungfrau und Muttergottes ein großer Liebhaber und Diener gewesen, diesen heiligen Ort mit sonderbarer Schenkung bedacht und sein Ruhebettlein allhie zu haben verhofft …, geschweige, daß er um die katholische Religion sich wohl meritiert und ein ewiges Lob mit sich aus dieser Welt gebracht, als erachtete ich, diesem guten, frommen Herrn selig allein und keinem anderen weiter nimmer mehr, das Begräbnis, so er auf seinem Totenbett zum höchsten begehrt, in der heiligen Kapelle könnte vergönnt werden.«
>
> Dekan Scheitenberger im Auftrag des Grafen Werner von Tilly an Kurfürst Maximilian I., Altötting, 1633 oder später

Das Herz war schon 1637 unter dem Boden der Hl. Kapelle begraben worden. Infolge eines 1633 ergangenen generellen päpstlichen Bestattungsverbots für die Hl. Kapelle wurde die Beisetzung des ganzen Körpers an dieser Stelle untersagt. Man überließ der Familie jedoch die Peterskapelle, am Kreuzgang der Stiftskirche, die seitdem den Namen Tillykapelle trägt.

> »Kardiotaphion des hochedlen
> Herrn Grafen Johannes Tilly,
> Dessen Leben ein Kriegsdienst, dessen Tod ein Triumph war,
> Und dessen Herz nun dort ruht, wo sein Schatz gewesen ist.
> Demütig, hat er die Demut der Magd,
> Keusch, hat er die Mutter der Keuschheit verehrt.
> Als Soldat hat er den Kampf Gottes gekämpft.
> Er hat dem Glauben gedient,
> Seinen Lauf vollendet.

*Daher hat ihm die für ihn bestimmte Krone der Gerechtigkeit
Der Herr verliehen,
Der gerechte Richter,
Am letzten Tage des April
Im Jahre Christi
1632.«*

Inschrift auf Tillys Herzmonument in der Heiligen Kapelle von Altötting (1641)

»Mit Christus bin ich ans Kreuz geheftet, nicht mehr ich lebe, sondern Christus lebt in mir. Ich rief zu Dir, o Herr, und sagte: Gepriesen sei der Herr, mein Gott, der Du gelehrt hast meine Hände den Kampf und meine Finger den Krieg. Du bist meine Stärke im Lande der Lebenden.«

»Grabschrift des Großen Tilly« auf dem Altar der Altöttinger Tilly-Kapelle, nach 1642

VEREHRUNG UND MORBIDE SCHAULUST

»Es wird Sr. Majestät dem König angezeigt, daß das Grabmal des Generals Tilly in Altötting nicht mit der Achtung und Sorgfalt erhalten werde, welche das Vaterland dem Andenken dieses großen Feldherrn schuldig ist. Vor einigen Jahren soll selbst ein Baron von Gumppenberg den großen Stein über der Tillyschen Familiengruft haben heben, zwei Aufschriftplatten wegnehmen und den zinnernen Sarg öffnen lassen, ohne daß er seitdem wieder verschlossen worden wäre. Der General-Kommissär wird sich selbst angelegen sein lassen, alsbald die nötige Erkundigung hierüber einzuholen, einstweilen aber die geeignete Verfügung zur Verhinderung weiterer Destruierungsgefahr zu treffen und Gutachten abzugeben, welche angemessene Verfügung zur würdigen Erhaltung dieses Nationaldenkmals weiter eingeleitet werden könnte.«

Verfügung des Staatsministers Graf Montgelas und seines Referenten Johann Adam Frhr. von Aretin an den Generalkommissar des Salzachkreises, München 17. Oktober 1813

Der Altar der Tilly-Kapelle (Peterskapelle) am Kreuzgang der Altöttinger Stiftskirche mit der Statue des unter dem Crucifix knienden Tilly. Graf Werner Tilly, der Neffe und Erbe des Feldherrn, ließ ab 1642 den Salzburger Künstler Perneggher d. J. den Altar bauen. Er zeigt im Giebel das Familienwappen. Auf dem Ölbild sind beiderseits des Crucifix Maria und die Apostel Johannes, Petrus und Paulus dargestellt.

Die Tilly-Gruft. Der Sarg des Feldherrn steht seit der Wiederbestattung 2001 zwischen denen seines Neffen Werner (links) und dessen Gemahlin Franziska Barbara, geb. Fürstin Liechtenstein.

Von 1653 bis ins frühe 19. Jahrhundert blieb die Gruft der Grafen Tilly mit einer Marmorplatte verschlossen. Während der napoleonischen Kriege ließen neugierige Offiziere – nicht der Franzosenkaiser selbst, wie die Legende es will, – die Gruft öffnen und in den Zinnsarg ein Fenster schneiden. Durch die Luftzufuhr zerfiel die gut erhaltene Leiche bald bis aufs Skelett. Die Tilly-Gruft blieb von nun an eine der Attraktionen Altöttings.

1897/98 wurde sie renoviert. Der alte schlichte Zinnsarg erhielt einen reichverzierten Übersarg aus getriebenem Kupfer, gleichfalls mit einem Fenster. In den Jahren 2001 und 2003 wurden die durch Hochwasserschäden arg mitgenommenen Überreste Tillys konserviert und pietätvoll neu beigesetzt, leider ohne vorhergehende anthropologische Untersuchung.

> *»Der Körper zeigte noch die Lage der ursprünglichen Einbettung. Auf einem Brett von weichem Holz, über welchem mehrfach gefaltete Leinwand lag, war die Leiche in den Sarg gelegt worden, bloß in die Unterkleider und ein langes Totenhemd mit halblangen Ärmeln von hellbrauner, feingemusterter Seide gehüllt. Die genannten Unterlagen waren fast ganz vermodert, von den niedrigen Schuhen fanden sich noch einige Lederreste vor, desgleichen Teile eines Sterbekreuzes; dagegen war das seidene Totenkleid verhältnismäßig sehr gut erhalten. Der Körper war vollkommen skelettiert; von Haut- oder Muskelsubstanz aber keine Spur mehr vorhanden, so daß die Leiche sicher nicht einbalsamiert worden ist. Der Schädel war geöffnet. Haare fanden sich bloß am Hinterkopf noch vor.*
> *Von der Verletzung durch einen Schuß, welche die Ursache des Todes Tillys war, zeigt noch der Bruch des rechten Oberschenkels direkt ober der Epiphyse. Interessant sind die Verletzungen des linken Armes. Durch das obere Ende des Oberarmbeins geht ein vollkommen vernarbter Schußkanal. Durch einen scharfen Hieb ist ferner einmal der Ellenbogen so verletzt, daß beim Heilungsprozeß Ulna und Radius des Vorderarms mit dem Oberarm vollkommen zusammenwuchs; der linke Arm blieb infolgedessen im rechten Winkel gelähmt. Aus der Vernarbung*

resp. Neubildung von Knochensubstanz darf man schließen, daß die Verwundung am Ellenbogen immerhin 12–15 Jahre vor dem Tode Tillys stattgefunden hat [tatsächlich 30 Jahre]. Nachdem die Knochen durch Tränkung mit flüssigem Paraffin gegen weitere Zerstörung geschützt worden waren, erfolgte am 20. September 1897 die Wiedereinbettung der Reste Tillys in den reparierten Zinnsarg. Über letzteren ließ dann das katholische Pfarramt Altötting nach einem stilvollen Entwurf des bewährten Architekten J. Schott in München von der rühmlichst bekannten Metallwarenfabrik Lorenz Sporer in München einen in Kupfer getriebenen Übersarg herstellen.«

Dr. W. M. Schmid vom kgl. Generalkonservatorium der Kunstdenkmale und Altertümer Bayerns über die Sargöffnung vom 24. August 1897

APOTHEOSE, VERDAMMUNG UND DIE VERGÄNGLICHKEIT DES RUHMS

»Sie haben den verblichenen Tilly mit dem aufrichtigsten Schmerze beklagt. Weil aber seine Soldatenehre und sein durch kriegerische Strapazen erworbener Ruhm nicht erloschen sind, so war es nicht nötig ihn zu betrauern, sondern zu feiern; denn der Mensch ist gestorben, nicht der Soldat, der Mensch ist verschieden, nicht der Feldherr, der Mensch wird beweint, nicht Tilly. Der Ruhm des Kriegsmannes, des Feldherrn, eben Tillys zerfällt nicht in Asche und fühlt keine Wunde. Er wird fortbestehen, während der Körper ein vergänglich Ding ist.«

P. Jakob Balde S. J., »Magnus Tillius Redivivus«, 1632

Der große Jesuitendichter Jakob Balde (1604–1668) wurde als junger Mann 1632 Augenzeuge der Ereignisse in Ingolstadt. Sie inspirierten ihn, noch im selben Jahr ein großes Werk mit dem Titel *Magnus Tillius redivivus – Der wieder zum Leben erwachte Große Tilly* zu verfassen, das aber erst 1678 veröffentlicht wurde. Darin wird Tilly als übermenschlicher Heros geschildert, um dessen ruhmvolles Andenken sich die Personifikationen Bayerns und Österreichs streiten. Viele Details, wie die Schlachtengebete Tillys, tragen den Charakter des Authentischen.

Eine intensivere Rezeption Tillys setzt in der deutschen Dichtung erst wieder im späten 18. Jh. ein mit Schillers einflussreicher »Geschichte des Dreißigjährigen Krieges«. Seitdem zieht sich das Für und Wider durch die Literatur.

»Bald nach seiner Ankunft vor Ingolstadt, beschloß der verwundete Tilly ... seine Laufbahn, an welcher das untreue Glück alle seine Launen erschöpft hatte. Von der überlegenen Feldherrngröße Gustav Adolphs zermalmt, sah er am Abend seiner Tage alle Lorbeeren seiner frühern Siege dahin welken, und befriedigte durch eine Kette von Widerwärtigkeiten die Gerechtigkeit des Schicksals und Magdeburgs zürnende Manen. In ihm verlor die Armee des Kaisers und der Ligue einen unersetzlichen Führer, die katholische Religion den eifrigsten ihrer Verteidiger, und Maximilian von Bayern den treuesten seiner Diener, der seine Treue durch den Tod versiegelte, und die Pflichten des Feldherrn auch noch sterbend erfüllte.«
Friedrich Schiller, »Geschichte des Dreißigjährigen Krieges« (1792/93)

»O Tilly, deine blut'ge Hand
Hat guter Sache Schmach gespendet!
Wohin dein buschig Aug' sich wendet,
Ein Kirchhof wird das weite Land.«
Annette von Droste-Hülshoff, »Die Schlacht im Loener Bruch 1623« (1838)

»Es ist doch merkwürdig, wie doch auch die Größten vergehen
Und nichts bleibt außer Staub. Wie das Gras.
Und es ist selten etwas so schrecklich und unaufgeklärt wie das
In Altötting zum Beispiel ist der katholische Feldherr Tilly im
  Sarge zu sehen
Gegen zwei M Eintritt für Erwachsene, präpariert unter Glas
Es steht darauf: Tilly nicht berühren!
Und der Kastellan sagte mir selber und im Angesicht der Bahre
Und er hatte auch gar keinen Grund, mich irrezuführen
Und es stimmte auch sicherlich:
Vor einigen Jahren hatte der Herr General noch Haare
So etwas gibt einem immer wieder einfach einen Stich.«
Bertolt Brecht, »Es ist doch merkwürdig«, (1924/25)

Triumphbogen Tillys. Titelkupferstich von Jakob Baldes »Magnus Tillius redivivus sive M. Tillii parentalia«, München 1678 (verfasst 1632). Die Verkörperungen Bayerns, Österreichs, Frankreichs, Roms, Belgiens und Ungarns wohnen der Wiederbelebung Tillys als aufsteigender Phoenix bei. Unter den Büsten berühmter Feldherren, die das Bauwerk bekrönen, befindet sich bemerkenswerterweise auch die Gustav Adolfs.

»Vor der Stadt Ingolstadt in Bayern wohnt die Courage dem Begräbnis des gefallenen kaiserlichen Feldhauptmanns Tilly bei … Regen. In der Ferne Trommeln und Trauermusik …
Mutter Courage: ›Mir tut so ein Feldhauptmann oder Kaiser leid, er hat sich vielleicht gedacht, er tut was übriges und was, wovon die Leut reden, noch in künftigen Zeiten, und kriegt ein Standbild, zum Beispiel er erobert die Welt, das ist ein großes Ziel für einen Feldhauptmann, er weiß es nicht besser. Kurz, er rackert sich ab, und dann scheiterts am gemeinen Volk, was vielleicht ein Krug Bier will und ein bissel Gesellschaft, nix Höheres. Die schönsten Plän sind schon zuschanden geworden durch die Kleinlichkeit von denen, wo sie ausführen sollten, denn die Kaiser selber können ja nix machen, sie sind angewiesen auf die Unterstützung von ihre Soldaten und dem Volk, wo sie grad sind, hab ich recht?‹
Der Feldprediger, lacht: ›Courage, ich geb Ihnen recht, bis auf die Soldaten. Die tun, was sie können. Mit denen da draußen zum Beispiel, die ihren Branntwein im Regen saufen, getrau ich mich hundert Jahr einen Krieg nach dem andern zu machen und zwei auf einmal, wenns sein muß, und ich bin kein gelernter Feldhauptmann.‹
Mutter Courage: ›Dann meinen Sie nicht, daß der Krieg ausgehn könnt?‹
Der Feldprediger: ›Weil der Feldhauptmann hin ist? Sein Sie nicht kindisch. Solche finden sich ein Dutzend, Helden gibts immer.‹«

Bertolt Brecht, »Mutter Courage und ihre Kinder« (1939/1946)

»*Die Leiden Tillys, sagen die Berichte, sind unsagbar und wir glauben es; müssen uns aber Mitleiden verbieten, denn er stirbt den Tod, in den er Jahr für Jahr seine Leute führte, schlechter belohnt als er, und er immerhin unter besserer, wenngleich ratloser Pflege. Daß er auf seinem Schmerzenslager noch fortfährt, sich um seine Pflichten zu kümmern, und viele Briefe an Wallenstein diktiert, darum ihn zu bewundern werden wir uns trotzdem nicht verbieten lassen.*«

Golo Mann, »Wallenstein« (1971)

DENKMÄLER

König Ludwig I. von Bayern, der große Förderer und Schöpfer identitätsstiftenden Geschichtssinns im neuen Königreich, setzte Tilly das erste Denkmal. Es geschah dies 1844 an der prominentesten nur denkbaren Stelle, der neu errichteten Feldherrnhalle zwischen Theatinerkirche und Residenz. Der imposanteste Komplex der groß ausgebauten Landesfestung Ingolstadt hatte schon 1828 den Namen »Fort Tilly« erhalten (später »Reduit Tilly«). In der Folgezeit hörten die Ehrungen von staatlicher Seite jedoch auf. Im Zwiespalt zwischen liberalem Zeitgeist und deutschem Nationalismus preußisch-protestantischer Prägung einerseits und altbayerisch-katholischem Patriotismus mit separatistischen Untertönen andererseits wollte man weder das restliche Deutschland noch die neubayerischen, teilweise protestantischen Gebiete provozieren, indem man im wieder aufflammenden Konfessionsstreit einer so belasteten Figur weitere Denkmäler errichtete.

Alle neuen Initiativen gingen von kirchlicher und privater Seite aus. In bewusster Opposition zum Gustav Adolf-Kult der Kulturkampfära wählte der beleidigte bayerische Patriotismus Tilly, den General der Liga, zum Helden, ja Heiligen.

»Ein Tilly hat noch immer zur Schande des bayerischen Volkes in der Feldherrenhalle sein Denkmal.«

Der Münchner Geschichtsprofessor Graf Du Moulin-Eckard auf einem öffentlichen Vortrag in München im März 1903

»Tilly hat gelebt und ist gefallen für Kirche und Reich ... Veteranen, Soldaten, darf jene Stelle, wo unser Held für uns und unseren Glauben und unser Vaterland das Leben hingab, dem Gedächtnis verloren gehen? ... Bauen andere auf unserem Boden einem Bismarck stolze Türme, so stellen wir unseren Tilly und seinen Ruhm in den Schatten des Kreuzes.«

Der Münchner Theologieprofessor Hermann Sickenberger auf einer von der Marianischen Bürgerkongregation Augsburg als Protest gegen die Äußerung Graf Du Moulin-Eckards in Altötting veranstalteten Tillyfeier am 5. April 1903

Das von Hygin Kiechle nach Entwurf von Anton Kaindl ausgeführte Tilly-Denkmal in Rain am Lech am Tage der Einweihung am 19. Juli 1914. Ein Abguss des vorderen Sockelreliefs, das Tilly zu Füßen der Altöttinger Madonna zeigt, wurde 1932 an der Außenwand der Altöttinger Tilly-Kapelle angebracht.

Das von Ludwig Schwanthaler (1802–1848) geschaffene Bronzedenkmal Tillys in der Münchner Feldherrnhalle (1844). Im Hintergrund die Residenz Maximilians I. mit Hans Krumpers Patrona Boiariae (1616).

Anfang des 20. Jahrhunderts wurden gleich mehrere Denkmalprojekte in Angriff genommen. In und bei Rain am Lech kam es trotz hemmender Interventionen der Behörden 1912 und 1914 zur Errichtung von zwei Monumenten. Für Altötting entwarf Sebastian Osterrieder ein manieriertes Reiterdenkmal, das auf die entschiedene Ablehnung der Denkmalschützer stieß und später auch politischen Widerspruch fand. Nach neunzigjährigem Streit kam es 2005 auf dem Kapellplatz zur Aufstellung.

> *»Wart nur Tilly, hoch zu Pferd*
> *Morgen kommt, was heut' verwehrt!*
> *Denn wo die Mode herrscht und spricht*
> *Da ändert sich wie's Mondgesicht:*
> *Gestalt, der Schritt, der Hut, der Rock;*
> *Was heute gilt, muß's morgen fort.«*
>
> Text auf einer Postkarte mit Sebastian Osterrieders Altöttinger Denkmalentwurf, 1932

Mit Ausnahme Gustav Adolfs hat kein anderer Feldherr des Dreißigjährigen Krieges so viele Denkmäler erhalten wie Tilly.

Das 1914 entworfene, 2005 errichtete Reiterdenkmal Tillys von Sebastian Osterrieder (1864–1932) auf dem Altöttinger Kapellplatz.

7 Tilly – Ein Persönlichkeitsbild

**EIN SOLDATENLEBEN IM ZEITALTER
DER RELIGIONSKRIEGE
UND DER »MILITÄRISCHEN REVOLUTION«**

Johann Tserclaes Graf von Tilly kämpfte im Lauf seiner langen Soldatenkarriere an vielen Fronten: in den Niederlanden, in Frankreich, in Ungarn, in Böhmen, in Deutschland. All diesen Kriegsschauplätzen war gemein, dass der Feind einer anderen Glaubensgemeinschaft angehörte, dass die Auseinandersetzung nicht zuletzt den Charakter eines Religionskrieges trug. Wenn die Gegner auch wechselten – Calvinisten, Muslime, Lutheraner –, Tilly selbst focht stets für ein und dieselbe Sache, für die der Katholischen Kirche. Er gehörte somit nicht zu der beträchtlichen Zahl von Offizieren – von den einfachen Söldnern ganz zu schweigen –, welche die Konfession, für die sie zum Schwert griffen, den Umständen anpassten. Er war ohne Zweifel ein »Überzeugungstäter«. Das macht ihn durchaus noch nicht zum blindwütenden Fanatiker, als den ihn die antikatholische Tradition abzustempeln pflegt, aber es verleiht seinem Handeln doch eine Kompromisslosigkeit, die man, je nach Standpunkt und Neigung, als integre, aufrechte Glaubenstreue preisen oder als beschränkte, selbstgerechte Bigotterie kritisieren kann.

Das kontroverse Urteil über Tilly in Geschichtsschreibung und volkstümlicher Überlieferung fußt also – ganz im Gegensatz zu Wallenstein und bis zu einem gewissen Grad auch zu Gustav Adolf – nicht in inneren Widersprüchen des Protagonisten, in ungeklärten Motiven und Zielen, in einem Geheimnis, sondern es beruht auf den gegensätzlichen Wertmaßstäben, welche die Betrachter an einen Charakter von seltener Eindeutigkeit anlegen. Nun mag diese Eindeutigkeit eines Mannes, der sich für nichts außer Militärdienst und Religion interessiert zu haben scheint, die starke Vereinfachung einer tatsächlich komplexeren Persönlichkeit darstellen, resultierend aus dem Mangel an aussagekräftigen Selbstzeugnissen und der verbreiteten Neigung zur Kreierung markanter, auf bestimmte Rollen festgelegter Typen. Ob nun aber diese simple Typisierung dem wirklichen Tilly gerecht wird oder nachträglich in ihn hineininterpretiert worden ist, sie senkt auf jeden Fall das biographische Interesse, da sich infolge der Dürftigkeit der Quellenbasis kein facettenreicheres Gegenbild entwickeln lässt. Tilly hat in den Geschichtsbüchern seine Auftritte als willfähriges Werkzeug Maximilians I. von Bayern, als zur Seite gedrängter Bündnispartner Wallensteins und vor allem als der militärische Gegenspieler Gustav Adolfs, an dem dieser sein Genie erproben darf. Tillys bleibende Bekanntheit ist somit zum Gutteil ein Reflex des Ruhmes anderer, in denen man die eigentlichen Protagonisten sieht.

Nun hat Tilly so viele Schlachten gewonnen, wie kein zweiter Feldherr des Dreißigjährigen Krieges. Die Niederlage gegen Gustav Adolf überschattete aber in der Erinnerung der Nachwelt all seine früheren Triumphe und machte ihn zum Vertreter einer veralteten, zum Untergang verurteilten Schule der Kriegführung. Das ist keineswegs eine Selbstverständlichkeit; dem Ruhm eines Hannibal oder eines Napoleon hat es jedenfalls keinen nennenswerten Abbruch getan, dass sie am Ende ihrer Laufbahn entscheidende, ja vernichtende Niederlagen hinnehmen mussten. Im Gegenteil: Es hat sogar dem platten Triumphalismus des Siegers noch die romantische Aura des tragisch Gescheiterten hinzugefügt. Warum ist das im Falle Tillys nicht geschehen, warum wurde sein – einmaliger – Misserfolg in einer großen Schlacht zum zwangsläufigen Verdikt der Geschichte stilisiert?

Ich denke, dies hat vor allem zwei Gründe. Der eine basiert auf der Annahme, es gebe eine zielgerichtete Entwicklungslinie in der Geschichte, wobei die progressiven Elemente sich an der Entfesselung des Individuums und des Nationalstaats und dem daraus resultierenden freien Spiel der Kräfte messen ließen. Wer sich diesem Fortschritt in den Weg stellt, ist zum Untergang verurteilt. Nun galt Napoleon ja stets als ein Vollstrecker der Französischen Revolution und somit als ein Vertreter des dynamischen, vorwärtsdrängenden Prinzips, im politischen Bereich vielleicht mit Vorbehalten, im militärischen aber auf jeden Fall ohne Einschränkung. Er unterlag auf Grund persönlicher Hybris oder eines tragischen Verhängnisses, aber nicht, weil er die Kräfte der Geschichte gegen sich gehabt hätte. Gerade umgekehrt lagen die Verhältnisse im Duell Tillys mit Gustav Adolf. Hier stand der Schwedenkönig für rationale Systematik, Innovation, Kreativität, kraftvolle Fortschrittlichkeit, Tilly dagegen für rein empirische Routine, handwerksmäßige Erstarrung und sterilen Konservativismus. Gustav Adolfs Triumph bei Breitenfeld brach der »Militärischen Revolution« der Frühneuzeit Bahn, die nicht nur das moderne Heerwesen und die moderne Kriegskunst einleitete, sondern auch an der Wiege des modernen Verwaltungs-, Finanz- und Machtstaats gestanden habe.

Wie nun Breitenfeld als das Jüngste Gericht der Militärischen Revolution gilt, so stellte die Schlacht auch in ideologischer Hinsicht eine geradezu apokalyptische Konfrontation des als progressiv eingestuften Protestantismus und der katholischen Restauration dar, beide trefflichst verkörpert durch Gustav Adolf und Tilly. Mit dem historischen Verdikt war und ist somit auch ein moralisches verbunden. Politischer Katholizismus, das ist autoritär erzwungene Massendisziplin und doktrinäre, neuerungsfeindliche Gleichschaltung, machtvoll und beängstigend zwar, aber letztlich den von der Reformation freigesetzten Kräften nicht gewachsen. Die Dramaturgie der Ereignisse des Jahres 1631 war nun aufs beste geeignet, eine solche Interpretation als geradezu offenkundig erscheinen zu lassen. Doch damit betreten wir ein weiteres für das Bild Tillys ausschlaggebendes Areal, nämlich die biblische Rechtfertigung des Krieges und die Erklärung von Sieg und Niederlage in einem in der Sache Gottes geführten Kampf. Hier tritt neben die epochale Schlachtenentscheidung von Breitenfeld das zweite große Ereignis, das die Diskussion über Tilly noch in weit höherem Maß beherrschen sollte als das militärische Desaster, nämlich der Untergang von Magdeburg.

APOKALYPTISCHES UNGEHEUER UND VERHÖHNTER VERLIERER: TILLY ALS NEGATIVER HELD DER FLUGBLATTPOLEMIK

Formal war die Eroberung von Magdeburg ein weiterer großer Sieg Tillys und wurde auf kaiserlich-katholischer Seite zunächst auch so empfunden. Schon bald erwies sich aber der vermeintliche Triumph als eine katastrophale moralische Niederlage, die das Andenken Tillys bis auf den heutigen Tag trübt. Die Magdeburger Tragödie und die nur vier Monate darauf erfolgende Schlacht von Breitenfeld wurden von Anfang an in einem engen kausalen und moralischen, ja heilsgeschichtlichen Zusammenhang gesehen. Zieht man in der Überzeugung, Gottes Sache zu vertreten und dementsprechend dessen tatkräftige Hilfe erwarten zu dürfen, in den Krieg, dann werden Siege als geradezu selbstverständliche Bestätigung dieser Voraussetzung angesehen, Niederlagen und Katastrophen dagegen irritieren zutiefst und bedürfen der Erklärung. Die Schicksale des auserwählten Volkes im Alten Testament und die endzeitlichen Prüfungen der Gerechten in der Geheimen Offenbarung boten da gute Anhaltspunkte für die Argumentation. Wollte man an seinem Glauben nicht irre werden, mussten ja Gründe gefunden werden, weshalb Gott den Seinen die Unterstützung entzogen hatte und stattdessen die Feinde siegen ließ. Zwei Modelle zeichneten sich dabei ab.

Das eine bestand im Schema von Schuld und Strafe. Das auserwählte Volk hatte gegen Gottes Gebote gefehlt und Schuld auf sich geladen, wofür es nun gnadenlos gezüchtigt wurde, um es wieder auf den rechten Weg zurückzuführen. Dies brauchte durchaus noch keine Rechtfertigung des Gegners darzustellen, der lediglich als Instrument des himmlischen Zorns, als »Geißel Gottes« diente, nichtsdestotrotz aber sich gerade dadurch in noch weitere Schuld verstrickte und umso sicherer der Verdammnis verfallen würde. Der bisherige Verlauf des Dreißigjährigen Krieges, in dem die protestantischen Mächte – nicht zuletzt durch Tillys Siege – ein Jahrzehnt lang von einem Desaster ins andere gestürzt waren, musste die ständigen Verlierer sehr intensiv über ihre Verfehlungen nachdenken lassen. Die trostlose Kette von Niederlagen fand mit der geradezu apokalyptische Dimensionen annehmenden Katastrophe von Magdeburg ihren Tiefpunkt. Vieles warf man sich vor, Hochmut, inneren Zank bis hin zum Verrat, Aufsässigkeit gegen die Obrigkeit – den meisten Lutheranern war ohnehin nie so recht wohl in ihrer Haut, wenn sie gegen das rechtmäßige Oberhaupt des Reiches Krieg führten.

Gottes Strafe konnte aber auch einen ganz anderen Grund und eine ganz andere Stoßrichtung haben, indem sie nicht durch die Schuld speziell der Magdeburger, sondern durch das schmähliche Versagen der deutschen Protestanten in ihrer Gesamtheit ausgelöst worden war. Diese Schuld bestand dann nicht in Rebellion und kämpferischer Anmaßung, auch nicht in innerer Uneinigkeit, sondern gerade im Mangel an Widerstandsgeist und Entschlossenheit. Die deutschen Protestanten hätten sofort dem Magdeburger Beispiel folgen und erkennen müssen, dass man eine gemeinsame Kampffront gegen die kaiserlich-katholische Bedrohung hätte bilden und sich mit dem gottgesandten Streiter Christi, dem Schwedenkönig, verbünden müssen, statt zu zögern, zu verhandeln und in einem Entscheidungskampf zwischen Gut und Böse den unzulässigen feigen Ausweg der Neutralität zu suchen. So musste Magdeburg geopfert werden, um dem göttlichen Zorn Ausdruck zu verleihen, ein Fanal zu setzen und die protestantischen Mächte auf den rechten Weg zu bringen. Den Magdeburgern – sieht man von ihren eigenen Verrätern ab – kam somit die Rolle von Martyrern und heldenhaften Vorkämpfern zu, die mit Stolz auf ihren Opfergang für die gemeinsame Sache blicken konnten.

Diese Interpretation wurde nach Breitenfeld zur vorherrschenden. Sie leitete durch den apokalyptischen Charakter, den die Magdeburger Katastrophe schon durch ihre schiere Dimension angenommen hatte, zum zweiten Erklärungsmodell über, eben dem apokalyptischen. Dieses basierte auf der Vorstellung von einem dualistischen Ringen zwischen den Kräften Gottes und seines Widersachers, das am Ende der Tage in einem kosmischen Entscheidungskampf seinen Abschluss finden würde. Dem endgültigen Triumph der himmlischen Heerscharen würde das Auftreten des Antichrist in vielerlei Gestalt vorausgehen, Ungeheuer wie die Hure von Babylon und der Siebenköpfige Drache würden auftreten, das Volk Gottes mit Katastrophen überziehen und scheinbar triumphieren. Diese Zustände schienen nun gekommen und den Anbruch der Endzeit anzukündigen. Seit den Tagen Martin Luthers war es in der protestantischen Polemik üblich, den Papst mit dem Antichrist, die Katholische Kirche und ihre Organe mit der Babylonischen Hure und den diversen apokalyptischen Ungeheuern gleichzusetzen. Diese Sinnstiftung hatte den großen Vorteil, dass an die Stelle der Strafe die Prüfung der Gerechten trat, an die Stelle der Selbstbezichtigung die Verteufelung des Gegners, denn es war nur zu einladend, den visionären, mystischen Weltenkampf der Geheimen Offenbarung in die realen Konflikte der gegenwärtigen Welt zu übertragen.

Der Triumph von Breitenfeld schuf nun endlich Klarheit, das apokalyptische Modell erschien voll und ganz bestätigt. Mit dem von Gott verliehenem Schwert der Rache erschlug Gustav Adolf, der in pseudobiblischen Weissagungen prophezeite »Löwe aus Mitternacht«, als neuer Gideon oder Judas Makkabäus die apokalyptischen Monster und rettete das reine Evangelium. In Vollkommenheit verkörperte er den *miles Christianus,* den »Soldaten Christi«, den Paulus in seinem Brief an die Epheser beschreibt. Zwar trägt dieser keine realen Waffen, sondern den »Panzer der Gerechtigkeit«, den »Schild des Glaubens«, den »Helm des Heils« und das »Schwert des Geistes, das ist das Wort Gottes«, doch schon das Rittertum der Kreuzzugszeit hatte sich bei seiner irdischen Kriegführung ganz in der Rolle der *militia Christi* gesehen. Wenn nun Gustav Adolf der *miles Christianus* war, dann konnte es sich bei seinem Gegner Tilly nur um den Vorkämpfer des Antichrist handeln, der Tod und Verderben streuen darf, bis er endlich seinem heilbringenden Gegner erliegen muss.

Hinzu kam in der Flugblattkampagne gegen Tilly die weit verbreitete antispanische Polemik, stammte der General doch aus den spanischen Niederlanden, hatte in spanischen Diensten seine militärische Laufbahn begonnen und pflegte auch in seiner bayerischen Zeit eine prospanische Haltung einzunehmen, nicht selten zum Missvergnügen Maximilians. Indem man Tillys Affinität zu Spanien betonte, charakterisierte man ihn als undeutsch und reichsfremd und gab ihm Anteil an der finsteren Tyrannei und der Arroganz, die nach verbreiteter Meinung alles Spanische kennzeichnete, also an dem, was man später die Schwarze Legende genannt hat, ein Feindbild, das in verschiedenen Ländern in erster Linie dazu diente, die eigene nationale Identität zu definieren.

Die Identifizierung mit Spanien ist eine der Erklärungen für die auf den ersten Blick erstaunliche Tatsache, dass sich die antikatholische und antikaiserliche Propaganda so einseitig auf Tilly einschoss, während sie den Kaiser selbst so gut wie völlig, Maximilian I. von Bayern und Wallenstein weitgehend ungeschoren ließ. Die Scheu, welche zumindest die Lutheraner und allen voran der sächsische Kurfürst verspürten, das Reichsoberhaupt direkt anzugreifen und sich damit in den Geruch der Rebellion zu bringen, wurde schon angesprochen. Auch Maximilian als Reichsfürst und wichtigster Verbündeter des Kaisers wurde noch einigermaßen schonend behandelt. Gleichfalls färbte die kaiserliche Autorität auf seinen Generalissimus Wallenstein ab. Zudem galt dieser als religiös indifferent und befand sich seit seinem Sturz im Jahre 1630 im unfreiwilligen Ruhestand, also gerade dann, als der Krieg mit dem Duell zwischen Tilly und Gustav Adolf seinen dramatischen Kulminationspunkt erreichte und mit den katalytischen Ereignissen von Magdeburg und Breitenfeld die größte Welle von Flugblättern und Flugschriften der ganzen Epoche auslöste.

Tilly war weder Reichsfürst noch galt er als militärischer Vertreter des Kaisers, auch wenn er dies ab November 1630 tatsächlich war. Er war und blieb der General der Katholischen Liga, eines konfessionellen Sonderbundes, der außerhalb der Reichsverfassung stand. Damit konnte er als Handlanger des Papstes, der Bischöfe und vor allem der Jesuiten gelten, was ihn zum Freiwild für die antikatholische Publizistik machte.

Der Angriff auf die geheuchelte Askese des ligistischen Generals fand ihren vollendeten Ausdruck in der wieder und wieder breitgetretenen Metapher von der Magdeburger Hochzeit, die tatsächlich die Vergewaltigung und Ermordung der jungfräulichen Verkörperung der Martyrerstadt meinte, das Ganze noch ins Groteske und Perverse gesteigert durch das hohe Alter des »Bräutigams«. Die karikaturhafte Verzerrung des Generals in der Flugblatt- und Flugschriftliteratur nach Breitenfeld vereint in sich senile Geilheit, Impotenz, Gebrechlichkeit und Anmaßung, eine Kombination, die geeignet ist, den »Helden« nicht nur moralisch zu desavouieren, sondern auch lächerlich zu machen. Manche der Elemente wirken geradezu wie ein satirischer Kommentar auf die vielfach kolportierte angebliche Behauptung Tillys, er habe nie in seinem Leben ein Weib berührt, sich betrunken oder eine Schlacht verloren. Die vorgeblichen Tugenden des Generals werden nun als verdeckte Laster entlarvt und in ihr Gegenteil verkehrt.

Die Schwerpunktsetzung kann schwanken, je nachdem ob Magdeburg oder Breitenfeld das Hauptthema bildet. Gerät Magdeburg ins Blickfeld, haben wir es fast immer mit einer beklemmenden Mischung von schwarzem, stark sexuell gefärbtem Humor und racheschnaubendem Hassgesang zu tun, beschränkt sich dagegen die Perspektive auf Tillys Debakel von Breitenfeld und seine daran anschließenden militärischen Missgeschicke, dann dominiert ein triumphierender Hohn, der deutlich werden lässt, welch ein Alpdruck dem protestantischen Deutschland mit der langersehnten Niederlage des katholischen Feldherrn von der Brust genommen worden ist.

Natürlich haben die Katholiken ihrerseits Tilly gleichfalls in der Rolle des *miles Christianus* gesehen. Nicht weniger steht es außer Zweifel, dass dies auch der Selbsteinschätzung des Feldherrn entsprochen hat, wie das in seinen von Jakob Balde überlieferten Schlachtengebeten zum Ausdruck kommt. Und gewiss war es ganz im Sinne des Verstorbenen, wenn auf seinem Herzmonument in der Altöttinger Heiligen Kapelle zu lesen ist: *Miles, certamen Dei certavit – Als Soldat hat er den Kampf Gottes gekämpft*. Bildlichen Ausdruck hat das Gottesstreitertum Tillys in der Gestaltung des Altars in seiner Grabkapelle gefunden, wo wir ihn in Feldherrntracht zu Füßen des Kruzifix knien sehen,

»Klägliches Beylager der Magdeburgischen Damen«. Der alte Tilly freit um die Jungfrau, die aus dem Himmel die Martyrerkrone erhält.

während die Inschrift das Dankgebet Davids zitiert: »Gepriesen sei der Herr, mein Gott, der Du gelehrt hast meine Hände den Kampf und meine Finger den Krieg.« Aber dieser Altar ist erst über zwei Jahrzehnte nach dem Tode Tillys errichtet worden. Zu seinen Lebzeiten, als es um die aktuelle Verkündung des eigenen Standpunktes und die Beeinflussung der öffentlichen

Meinung ging, gab es nichts, was man katholischerseits der Flut feindlicher Flugblätter entgegengestellt hätte.

Die einseitige Dominanz der protestantischen Propaganda äußert sich schon in der fast völligen Absenz von Flugblättern, welche die Siege Tillys kommentiert hätten. Eine Ausnahme macht nur die Schlacht auf dem Weißen Berg, doch ging es da fast ausschließlich um die Verhöhnung des (calvinistischen) »Winterkönigs« Friedrich V. von der Pfalz, der damals noch weitgehend unbekannte Tilly spielt dabei keine Rolle.

Auch Tillys Tod hat in den eigenen Reihen kein bildpublizistisches Echo gefunden, wohl aber in der protestantischen Propaganda. Wieder ist der Gegensatz schlagend, wenn man sich die Aufarbeitung des Heldentodes des Schwedenkönigs wenige Monate später vor Augen hält. In den verschiedensten Varianten wird die Apotheose Gustav Adolfs betrieben und gleichzeitig Reklame gemacht für die unbedingte Aufrechterhaltung des Bündnisses zwischen Schweden und den deutschen Protestanten, noch im Tod sollte der König die einigende Klammer für die divergierenden Interessen abgeben. Es war die letzte publizistische Großoffensive des Krieges.

Man muss davon ausgehen, dass die publizistische Polemik weniger dazu gedacht war, den Gegner zu überzeugen, als die eigenen Gesinnungsgenossen in ihren Ansichten zu bestärken und zu zielgerichtetem politischem Handeln zu bewegen. Wenn auch Gustav Adolf und seine Mitstreiter schon einen fast modern anmutenden Sinn für Massenpsychologie und Propaganda besaßen, so waren ihre Aktivitäten doch weitgehend auf eine geschickt gesteuerte Informations- und Desinformationspolitik beschränkt. Die Bildpublizistik wurde von dieser nur indirekt beeinflusst, ihre unmittelbaren Träger waren in der Regel Privatunternehmer, die mit den Blättern ein Geschäft machen wollten. Dies war aber nur möglich, wenn sie den Nerv der Zeit trafen, jedenfalls den der Zielgruppen. Insofern dürfen die Blätter als ein einigermaßen zuverlässiger Spiegel der Tagesstimmung in den Städten gelten, vor allem in den überwiegend lutherischen Freien Reichsstädten, in denen die meisten von ihnen entstanden und in denen auch das Gros

SEPULTURA TILLIA:
Tyllisches Leichbegängnuß / oder letzter Ehrendienst
vnd Seelmesse/ vom Könige in Schweden mit Volckreicher Versamblung neulicher Zeit im Bayerland gehalten vnd gesungen.

»Tyllisches Leichbegängnuß«. Der Generalleutnant blieb auch nach seinem Tod nicht von der feindlichen Propaganda verschont. Der aufgebahrte Leichnam wird statt Kandelabern von Offizieren mit brennenden Stadtmodellen umstanden. Eine Prozession von Soldaten und Ordensgeistlichen umschreitet das Totenlager. Links erhält die von ihrem finsteren Vergewaltiger und Zwangsgatten befreite Magdeburger Jungfrau endlich ihren Traumgemahl Gustav Adolf.

der Rezipienten lebte. Diese Stimmung war 1631 vom dramatischsten Umschwung des ganzen Krieges gekennzeichnet. Magdeburg und Breitenfeld bezeichneten die Pole von Angst und Bedrohung apokalyptischen Ausmaßes einerseits, Erleichterung und Triumph andererseits. In beiden Fällen war der Feind in der Gestalt Tillys personifiziert. Nimmt man noch die charismatische Heldenfigur Gustav Adolfs hinzu, dann ergab sich eine überwältigende Kombination, der die katholische Seite weder defensiv noch offensiv korrigierende Erwiderungen entgegenzusetzen hatte.

DISZIPLIN UND LOYALITÄT

Bei aller Quellenarmut, welche die Erschließung von Tillys Charakter erschwert, darf doch außer Zweifel stehen, dass unbedingte Loyalität ein Grundzug seines Wesens war. Sie zeigte sich in religiöser, politischer und persönlicher Hinsicht. Die von konfessionellen Wirren, offenem Aufstand und Bürgerkrieg erfüllten Spanischen Niederlande, in denen er 1559 geboren wurde, und die Schicksale, die seine Familie während seiner Kindheit durchmachte, haben zweifellos prägende Wirkung gehabt.

Die jesuitische Erziehung und der spanische Militärdienst waren politisch opportune Entscheidungen der Eltern, mit denen sie nach der Verbannung und schließlichen Rehabilitation des Vaters Zeichen ihrer Loyalität setzen wollten. Der Sohn hat sich diese Lehren offensichtlich voll und ganz zu eigen gemacht.

Der Feldherr, unter dem der junge Tilly diente, der Herzog von Parma, verband in seiner Person fürstlichen Rang, militärisches Unternehmertum und ausgeprägte Loyalität zur Katholischen Kirche und zum Hause Habsburg. Es kann keinem Zweifel unterliegen, dass das Vorbild dieses Mannes Tilly tief beeinflusst hat.

Tilly war schon auf Grund seines vergleichsweise bescheidenen sozialen und wirtschaftlichen Hintergrunds nicht für eine Karriere als unabhängiger militärischer Großunternehmer prädestiniert. Dass er sich über Jahre und Jahrzehnte hinweg durch alle Dienstgrade hochdienen musste, machte ihm zudem Disziplin und Unterordnung zur zweiten Natur. Trotzdem hätte sich gerade aus diesen Gründen ein Nachhol- und Entschädigungsbedarf einstellen können, zumal ihm ja das Beispiel seiner Feldherrnkollegen eindrucksvoll vor Augen stand.

Wie stark sich Tilly trotz der hohen materiellen Belohnungen, in deren Genuss er schließlich in bayerischen Diensten gelangte und die er auch für sein gutes Recht hielt, von den typischen Verhaltensweisen eines Söldnerführers entfernt hatte, zeigt nicht zuletzt der Umstand, dass er erst 1624, 14 Jahre nach seinem Eintritt in die bayerische Armee, ein eigenes Regiment erhielt. Niemals hat er versucht, sich eine Hausmacht innerhalb der Truppe zu schaffen, von militärischen wie von politischen Intrigen hielt er sich so fern, wie er nur konnte. Da er auch auf der Höhe des Ruhms bescheiden gelebt zu haben scheint und auch nicht den Repräsentationsaufwand betrieb, den Männer seiner Bedeutung sich und ihrer Stellung schuldig zu sein glaubten, konnte er wenig Genuss von seinen Erwerbungen haben. Vielleicht ging es ihm um den Ehrenpunkt der formalen Anerkennung, doch spricht seine zweimalige Ablehnung der Erhebung in den Fürstenstand gegen ein formalistisches Prestigedenken.

Der Wechsel in den bayerischen Dienst schien sich gut mit Tillys habsburgischem Loyalitätsverständnis vereinbaren zu lassen, trat doch das Herzogtum seit Jahrzehnten als die wichtigste politische und militärische Stütze der Gegenreformation im Reich auf und war damit ein potentieller Bundesgenosse des Hauses Habsburg. Mit der Gründung der Liga, die dabei war, eine Armee von fast 20.000 Mann aufzubauen, verfügte Maximilian nun über die geeignete Plattform, um die Kräfte des katholischen Deutschland gegen die protestantische Union zu bündeln.

Das erste Jahrzehnt in bayerischen Diensten verlief wenig spektakulär. Der General sah sich mit organisatorischen Aufgaben beschäftigt, die teils den je nach politischer Lage angeworbenen und wieder entlassenen Söldnertruppen, teils der von Maximilian mit Eifer ausgebauten Miliz der Landfahnen, teils dem Festungswesen galten. In dieser vergleichsweise ruhigen Friedensphase entwickelte sich die vertrauensvolle Zusammenarbeit zwischen dem Herzog und seinem Generalleutnant, die sich in den darauffolgenden ersten zehn Jahren des Dreißigjährigen Krieges so glänzend bewähren sollte.

> *»Inmaßen keine Historien dasjenige zeigen werden, was Ihr und diese Armee alleinig verrichtet ... weil wir Eure aufrechte, getreue, gottselige Intention, darneben die große dabei unterlaufende Mühe, Arbeit, Fleiß und Sorg wohl wissen.«*
> Maximilian I. an Tilly, München 16. März 1627

Der in vielem gegebene kongeniale Gleichklang der beiden Persönlichkeiten, vor allem ihre tiefe, jesuitisch geprägte Frömmigkeit, ihre Selbstdisziplin und ihre strenge Pflichtauffassung, aber auch der produktive Gegensatz von selbstsicherer fürstlicher Autorität und diszipliniertem soldatischen Gehorsamsverständnis ist schon oft beobachtet und gewürdigt worden. Allerdings fehlten dem Feldherrn die vielseitigen geistigen und künstlerischen Interessen und die hohe humanistische Bildung Maximilians. Tilly scheint, so weit wir es beurteilen können, nicht einmal die parvenuhaften kulturellen Ambitionen eines Wallenstein gezeigt und sich ganz auf sein militärisch-mönchisches Einsiedlertum beschränkt zu haben.

Die Gemeinsamkeiten zwischen Tilly und Maximilian waren aber tragfähig genug, um die solide Grundlage einer Strategie zu bilden, in der politische Steuerung und militärische Umsetzung fast reibungslos ineinandergriffen. Solange es darum ging, die Ligastände und den habsburgischen Herrschaftsbereich vor protestantischer Aggression zu schützen und einen Zusammenbruch der katholischen Positionen im Reich und in den Erblanden zu verhindern, wie das in der Gründungszeit der Liga und der Anfangsphase des Dreißigjährigen Krieges der Fall war, harmonierten wittelsbachisch-ligistische und habsburgische Interessen in der von Tilly erwarteten Weise. Der Siegeszug der 1620er-Jahre ließ aber dann doch mehr und mehr die alten dynastischen Gegensätze hervortreten. Der Kaiser suchte der bedrohlichen Lage bei Kriegsbeginn und der daraus erwachsenen Abhängigkeit von der Waffenhilfe der Liga zu entkommen, indem er durch den Einsatz Wallensteins ein eigenes schlagkräftiges Heer aufbaute. Maximilian hatte die Stärke seiner militärischen Monopolstellung dazu benutzt, die Interessen seines Hauses in einer Weise zu fördern, die für die Habsburger langfristig bedenklich erscheinen musste. Eine weitere Ausdehnung des Konflikts wünschte der Wittelsbacher, nachdem er seine Ziele dank der Siege Tillys sehr rasch erreicht hatte, unbedingt zu vermeiden, zumal der Ausbau der kaiserlichen Macht der Position der Reichsfürsten, der protestantischen wie der katholischen, gefährlich zu werden drohte.

Allegorie auf Maximilian I. und seine der göttlichen Gnade und dem Schutz Mariens zu verdankenden Erfolge. Der Kupferstich Wolfgang Kilians nach Johann Ulrich Windtberger d. J. ist der Kopf eines Thesenblatts des Honoratus Kolb O. S.B. aus Kloster Seeon. Der Kurfürst weist auf eine Standarte mit dem Bild der »Gnadenmutter Maria«. Links im Hintergrund ist Heidelberg zu sehen, die 1622 von Tilly eroberte Hauptstadt Friedrichs V. von der Pfalz, davor ein Pfeiler mit der Aufschrift »Wegen der der Gnade zurückgegebenen Pfalz«, gekrönt vom Apokalyptischen Weib, rechts im Hintergrund München, davor Säule mit Aufschrift »Wegen des in der Gnade erhaltenen Bayern«, darüber die Himmelskönigin auf feurigem Wagen, daneben der Kaiseradler, der Maximilian Kurhut und Reichsapfel bringt. Im Vordergrund bändigen Kraft, Schnelligkeit, Glück und Klugheit den Krieg, den Pfälzer Löwen und die von einem wilden Ross dargestellten Leidenschaften.

Tilly, der eine möglichst umfassende Entscheidung im europäischen Rahmen zu erzwingen hoffte, indem er die ihm von frühester Jugend an verhassten protestantischen nördlichen Niederlande als eigentliches Zentrum der antikatholischen und antihabsburgischen Umtriebe direkt anzugreifen und niederzuwerfen wünschte, setzte sich damit in Gegensatz zu den mehr am partikularen fürstlichen Interesse orientierten Prinzipien Maximilians und der strikt defensiven Einstellung der anderen Ligastände. Das tief empfundene persönliche Treueverhältnis ließ den Feldherrn auch hier wieder den Gehorsam vor seine eigenen Überzeugungen und Ambitionen setzen.

Der latente Loyalitätskonflikt trat offen und mit verhängnisvollen Konsequenzen zutage, als Tilly 1630 nach der von Maximilian erzwungenen Entlassung Wallensteins zusätzlich zum Kommando über die ligistischen Streitkräfte auch noch das über die kaiserliche Armee erhielt. Kaiser wie Liga vertrauten gleichermaßen seiner Loyalität, die ihn zum idealen Kompromisskandidaten machte.

Die Haltung des Generalleutnants habe ich oben als habsburgisch aus Prinzip und Neigung, bayerisch-wittelsbachisch aus Pflichtgefühl und persönlicher Treue gekennzeichnet. Dies weist auf die außerordentliche Bedeutung hin, die dem bayerischen Landesherrn für Tillys Loyalitätsverständnis zukam. Herzog, ab 1623 Kurfürst Maximilian I. war ein Mann, der geachtet, bewundert, gefürchtet und gehasst, aber schwerlich geliebt wurde. Umso beeindruckender ist die tiefe, manchmal fast zart zu nennende Verbundenheit, die sich zwischen diesen beiden strengen, verschlossenen Männern entwickelt hat. Die Worte, die Maximilian immer wieder für seinen alten Feldherrn fand, gehören zum wärmsten, anrührendsten, was sich in der Korrespondenz dieses Fürsten findet. Wieder und wieder gibt er seiner Sorge Ausdruck, Tilly könne sich zu sehr exponieren und seine Person gefährden. Als Tilly 1627 tatsächlich mit einer vor Pinneberg erlittenen Verwundung darniederliegt, schickt er ihm seinen Leibarzt Sagittarius, der unter anderem dafür zu sorgen hat, dass der General seine geliebten Granatäpfel ans Krankenlager geliefert bekommt. Die Reputation seines Feldherrn – und damit freilich auch seine eigene – hütete Maximilian eifrig, wie der Pamphletkrieg nach der Schlacht auf dem Weißen Berg zeigt, der von den Attacken des kaiserlichen Generals Bucquoy auf die Kompetenz seines Verbündeten ausgelöst worden war. Die nicht zuletzt durch Tillys Verstoß gegen Maximilians politische Weisungen verursachte

Katastrophe von Breitenfeld machte der Kurfürst seinem Feldherrn nicht zum Vorwurf, sondern suchte ihn zu trösten.

Bei all seiner pedantischen Kontrollsucht, seiner Knausrigkeit und seiner Neigung zu boshafter Nörgelei war Maximilian doch ein Mann, der treue Dienste nicht zu vergessen pflegte und große Anhänglichkeit an bewährte Mitarbeiter zeigen konnte. Umgekehrt fühlte sich Tilly durchaus nicht brüskiert durch die ständigen Weisungen aus München, er wollte vielmehr präzise Direktiven haben, die es sicher machten, dass er den Vorstellungen seines Kriegsherrn entsprechend handelte. Wiederholt äußerte er den Wunsch, Maximilian möge sich selbst, wie er es 1620 getan hatte, ins Feld begeben. Man kann also in einem Maß von einer wechselseitigen Loyalität sprechen, wie sie in einem Verhältnis zwischen Kriegsherrn und militärischem Vollstrecker selten zu finden ist.

Die starke Stellung Maximilians gegenüber seinen Heerführern hatte zwei unabdingbare Voraussetzungen: eine gefüllte Staatskasse und eine effektive, zuverlässige Beamtenschaft. Bayern trat als das am modernsten organisierte, finanzstärkste Fürstentum des Römischen Reiches in den Dreißigjährigen Krieg ein. Dementsprechend glich der bayerische Dienst durch wirtschaftliche Sicherheit aus, was er durch die Disziplinierungsmaßnahmen des Kriegsherrn an Attraktivität für viele Söldnerführer verlieren musste. Freilich geriet auch das Zahlungsvermögen Maximilians im Laufe des Krieges immer wieder an seine Grenzen, zumal Bayern fortwährend für die riesigen Ausstände seiner weniger leistungsfähigen bzw. –willigen Bundesgenossen aufzukommen hatte. Zu den objektiven Finanzierungsschwierigkeiten trat im Falle Maximilians noch ein persönlicher Grundzug, nämlich die Sparwut, die bei einem Fürsten, der ein total verschuldetes Staatswesen geerbt und innerhalb weniger Jahre saniert hatte, verständlich war und ja auch eine der Grundlagen gebildet hatte für seine erfolgreiche Finanzpolitik. Im Krieg gehörte dagegen die Zukunft den hemmungslosen Schuldenmachern und Landesausbeutern, denn nur mit diesen Mitteln ließen sich die Riesenarmeen eines Wallenstein und eines Gustav Adolf letztlich finanzieren. Man darf aber die kontraproduktiven Effekte der maximilianeischen Sparpolitik auf die Strategie nicht übertreiben. Letztlich hat Maximilian im Rahmen seiner Möglichkeiten ganz außerordentliche Anstrengungen unternommen, um seine Armee in einem schlagkräftigen Zustand zu erhalten.

Als sich die ersten Finanzierungskrisen mit ihren zentrifugalen Auswirkungen einstellten, war die bayerische Heeresverwaltung bereits ganz in die Hände der Kriegskommissare und damit in die des Staates übergegangen. Die Kommissare, die Maximilian zunächst probeweise, bald aber schon systematisch den Feldarmeen beigab, bildeten einen immer zahlreicher werdenden, sich zusehends differenzierenden Stab von Militärbeamten, die als Außenorgane des Kriegsrates nicht nur die Auszahlung des Soldes, die Beschaffung und Erhaltung des Materials, die Entwicklung des Personalstandes, die Verteilung der Quartiere und die Handhabung der Disziplin überwachten, sondern auch an den militärischen Beratungen teilnahmen, die politischen und strategischen Vorstellungen des Kriegsherrn vertraten und diesem regelmäßig von den Maßnahmen seiner Truppenführer berichteten. Natürlich erfreuten sich diese Werkzeuge und Symbole der staatlichen Bevormundung bei den Söldnerführern alten Stils geringer Beliebtheit, und das Militärkommissariat galt als »odioses Officium«, dessen Träger mitunter sogar am Leben bedroht wurden. Trotzdem darf man den Gegensatz zwischen Kommandeuren und Beamten nicht zu scharf zeichnen. Viele Kommissare waren ehemalige Offiziere, die den Schwierigkeiten und Sachzwängen der Truppenführung keineswegs verständnislos gegenüberstanden, und wenn von militärischer Seite das Verhältnis nicht von gereizter Voreingenommenheit belastet war, konnte sich eine sinnvolle Aufgabenteilung und gegenseitige Ergänzung entwickeln, wie das die vorbildlich loyale Zusammenarbeit zwischen Tilly und den Kommissaren Christoph Ruepp und Christoph Lerchenfeld bewiesen hat. Letzterer fungierte vor allem als Außenvertreter des Feldherrn und übernahm häufig die diplomatischen Verhandlungen mit Freund und Feind. Generalkommissar Ruepp weilte dagegen meist in der unmittelbaren Umgebung Tillys und wurde im Alltagsbetrieb mit seinem von Maximilian geforderten regen Schriftverkehr zur rechten Hand des Feldherrn.

Die geradezu pedantische Aufmerksamkeit, die Maximilian seinem Kriegswesen angedeihen ließ, hatte vor allem den Vorteil, dass unter dem ständigen Druck von oben viele Missstände energisch bekämpft wurden, die man in den meisten anderen Armeen unbekümmert um sich greifen ließ. Vor allem konnten sich seine Feldherren darauf verlassen, auf direktem, vom Fürsten persönlich gesteuertem und kontrolliertem Weg jede nur mögliche administrative und finanzielle Hilfe zu erhalten.

Da es Maximilian in so hohem Maß gelungen war, die Armee unter fürstliche Kontrolle zu bringen, konnte er es unbesorgt wagen, seinen Generälen, vor allem Tilly, neben den militärischen auch diplomatische Aufgaben zuzuweisen. Die bayerischen Vorstöße in die Oberpfalz und in die Rheinpfalz 1621 und 1622 machten es in Anbetracht der heiklen Rechtslage und der zu größter Vorsicht gemahnenden Haltung Spaniens, Frankreichs, der Generalstaaten und der protestantischen Reichsstände unbedingt erforderlich, Kriegführung und Politik genau aufeinander abzustimmen. Infolge der räumlichen Trennung der militärischen und der staatlichen Führung war es unvermeidlich, dass Tilly in wachsendem Maß auch politische Verantwortung zufiel. Der alte Soldat sah diese Erweiterung seines Aufgabenbereichs nicht ohne Besorgnis. Weit davon entfernt, eine möglichst selbständige Stellung anzustreben, bat er seinen Herrn immer wieder um genaue Instruktionen und um die Überlassung eines geeigneten Beamten, der ihn bei der Wahrnehmung dieser neuen und ungewohnten Pflichten unterstützen sollte. Diese Unsicherheit Tillys rechtfertigt es aber noch nicht, ihn als unpolitisch im Sinne einer Einschränkung seiner Leistung als Feldherr zu bezeichnen. Tillys Bereitschaft, sich der von Maximilian vertretenen Staatsgewalt unterzuordnen, entsprach seiner Sicht von den Pflichten eines Feldherrn, eine Sicht, die dem Wesen des Soldatentums näherkommen dürfte als alle selbstherrlichen Versuche, Politik auf eigene Faust zu betreiben.

Nun ist Tilly schon vor 1630 auch im Namen des Kaisers aufgetreten, doch mit dem großen Unterschied, dass dies nur indirekt erfolgt war. Die kaiserlichen Kommissionen hatte Maximilian erhalten und an seinen Generalleutnant als vollstreckendes Organ weitergegeben. Ab November 1630, war dieser aber erstmals dem Kaiser wie dem Kurfürsten unmittelbar unterstellt und konnte konkurrierende Befehle aus Wien und aus München erhalten. Tilly war jedoch nicht der Mann, der diese Situation als willkommenen Freiraum genutzt hätte, um nach eigenem Gutdünken zu handeln. Er sah sich vielmehr verunsichert und zögerte. Die verhängnisvollen Folgen haben wir gesehen.

DIE SPANISCHE SCHULE

Die technische Beherrschung des Kriegswesens hat Tilly in spanischen Diensten unter dem Kommando des Herzogs von Parma erlernt, und er blieb sein Leben lang, namentlich in elementartaktischen Belangen, ein wenig origineller Vertreter der Spanischen Schule. Seine eigenständigen Leistungen liegen mehr auf dem Gebiet der Großen Taktik und der Operationsführung, wo er einen entscheidungssuchenden Offensivgeist entwickelte, der nicht gerade als charakteristisch für die spanische Vorgehensweise gilt.

Vielfach wird ein sehr verzerrtes Bild der Spanischen (oder »Mediterranen«) Schule gezeichnet, vor dem sich dann die hugenottischen, oranischen und schwedischen Reformen umso eindrucksvoller abzeichnen. Als besonderes Kennzeichen gilt ihre Schlachtenfeindlichkeit, die Tendenz, den Krieg in eine endlose Folge von kleinen Manövern und Belagerungen zu zerdehnen. In dieser Hinsicht habe sich eben Tilly von seinen Lehrmeistern positiv unterschieden. Allerdings wurde auch ihm gelegentlich vorgeworfen, sich zu verzetteln, indem er jeden kleinen Stützpunkt in seinem Operationsbereich systematisch einzunehmen versuchte, wodurch die Hauptarmee für entscheidende Operationen zu schwach wurde. Solche Kritik kam zu wiederholten Malen ausgerechnet von seinem Verbündeten Wallenstein, der selber nicht gerade der Mann der Feldschlacht und der großen niederwerfenden Offensive war.

So lange sich keine Gelegenheit zur Schlacht bot, musste auch Tilly sein fast immer in Gebieten mit feindlich eingestellter Bevölkerung operierendes Heer vor allem zu Besatzungs- und Deckungsaufgaben verwenden und mehr an die Verpflegung der eigenen Truppen als an die Vernichtung der feindlichen Hauptkräfte denken. Dazu gehörte wesentlich die systematische Einnahme und Behauptung der festen Plätze, deren Bedeutung als Verpflegungszentren und Stützpunkte nicht zu unterschätzen ist. Tilly sah selbst, wie misslich es war, die Armee nicht auf Dauer konzentriert und schlagbereit zusammenhalten zu können, aber er musste sich den Rücken freihalten. Gerade die relative Schwäche seiner Armee machte es unvermeidlich, viele Besatzungen über das Land zu verteilen, da die festen Plätze sonst dem Feind oder dem erbitterten Landvolk in die Hände fielen.

Nun waren die Verhältnisse in den Niederlanden für eine zügige und schlachtenfreudige Operationsführung viel ungünstiger als das weitflächigere Deutschland mit seinen meist unzureichend befestigten Ortschaften. Die Niederlande überzog ein dichtes Netz von Städten, die dank des Reichtums der Region und der ständigen kriegerischen Auseinandersetzungen im Niederrheingebiet über wesentlich stärkere und modernere Fortifikationen verfügten als das in Deutschland der Fall war, das vor dem Dreißigjährigen Krieg ja eine lange Friedensära erlebt hatte. Dementsprechend blieb in den Niederlanden jede Offensive alsbald zwischen den festen Plätzen und Verschanzungslinien stecken. Nicht nur die Spanier haben auf diesem Kriegsschauplatz notgedrungenermaßen eine Belagerung nach der anderen durchgeführt und nur sehr wenige Schlachten geschlagen, ihre angeblich so sehr viel moderneren Gegner haben sich genauso verhalten. Die Spanische Schule war nicht von Haus aus schlachtenfeindlich, ganz im Gegenteil suchte sie traditionell die Entscheidung auf offenem Feld, da die spanische Armee bis ins späte 16. Jahrhundert als die beste in Europa galt und ihre Schlachten in aller Regel gewonnen hat. Es waren eher ihre Gegner, die dem offenen Kampf auswichen und sich hinter Befestigungen versteckten. Es reichte für diese ja auch, sich in möglichst vielen ihrer Bollwerke zu behaupten, da sie einen Unabhängigkeitskrieg führten und daher nichts zu erobern brauchten, während die Spanier eine Rebellion niederzuwerfen hatten, demnach flächendeckend den Widerstand brechen mussten. Sie hatten also in einem Land der Städte gar keine andere Wahl, als diese systematisch zu belagern. Das gilt auch für den Herzog von Parma. Kaum war er 1578 in den Niederlanden erschienen, bot ihm der Gegner die Gelegenheit zur Schlacht, die er sofort ergriff und bei Gembloux einen glänzenden Sieg errang. Von da an gingen die Niederländer ihm wohlweislich aus dem Weg, so dass der Rest seiner Feldherrnlaufbahn aus fortwährendem – sehr erfolgreichem – Belagerungskrieg bestand. Es dauerte bis 1597, fünf Jahre nach Parmas Tod, dass sich eine Armee der Generalstaaten wieder auf eine offene Schlacht einließ, die sie diesmal auch gewann. Dass die durch Sachzwänge und nicht durch eine Doktrin verursachte Gewohnheit des systematischen, wenig riskierenden Vorgehens bei vielen spanischen Kommandeuren allmählich eine Grundhaltung werden ließ, über die sich ja auch Tilly beklagte, ist nicht zu leugnen, doch darf man eine Schule nicht nur an ihren schwächsten Vertretern messen.

Nicht allein die Operationsführung, auch die Taktik der Spanischen Schule, wie sie in der ersten Hälfte des Dreißigjährigen Krieges von den Ligisten und Kaiserlichen praktiziert wurde, darf man sich nicht so hilflos starr und plump vorstellen, wie das häufig geschieht. Der Tercio, der taktische Körper der Infanterie, wurde schon in den ersten Kriegsjahren zusehends kleiner und flacher, an die Stelle der vier »Bastionen« an den Ecken der annähernd quadratischen Hauptkolonne traten zwei breite Schützenflügel beiderseits des massiven Pikenierzentrums, das nach wie vor den stabilen Kern einer Infanterieformation bildete. Die Aufstellung ähnelte schließlich stark dem in den meisten protestantischen Armeen gebräuchlichen Niederländischen Bataillon. Unrichtig ist auch die verbreitete Annahme, in der spanischen Taktik habe der Infanterist mit Langspieß, der sog. Pikenier, dominiert und erst durch Gustav Adolf sei der Anteil der Feuerwaffenträger, der Musketiere, wesentlich erhöht worden – eher war das Gegenteil der Fall. Zur Zeit der Schlacht bei Breitenfeld (1631) kamen, die Dienstgrade nicht eingerechnet, im Tercio etwa 900 Musketiere auf höchstens 500 Pikeniere, in der ungefähr gleichstarken Schwedischen Brigade gab es 648 Pikeniere und 864 Musketiere. Tatsächlich war der Prozentsatz der schwedischen Musketiere in der Praxis etwas höher anzusetzen als reglementmäßig vorgesehen, doch lag das nicht am System, sondern an dem Umstand, dass Pikeniere wegen der größeren Attraktivität des Musketierdienstes viel schwerer zu bekommen waren.

Was die schwedische Infanterietaktik der kaiserlich-ligistischen voraushatte, waren drei Dinge, nämlich die noch weitergehende Verringerung der Formationstiefe auf sechs Mann gegenüber zehn bis zwölf auf der Gegenseite, wodurch verhältnismäßig mehr Musketen gleichzeitig zum Schuss kommen konnten, eine reichere Ausstattung mit Offizieren, was sowohl der Ausbildung als auch der flexiblen Gefechtsführung zugutekam, und die Zuteilung von sechs leichten Regimentsgeschützen an jede Brigade, die im Gegensatz zu den schweren Stücken der eigentlichen Artillerie die Bewegungen der Infanterie unmittelbar zu begleiten vermochten und deren Feuerkraft erheblich erhöhten. Ausschlaggebend für den Ausgang der Breitenfelder Schlacht war aber auch das nicht, denn Tillys Tercios wurden nicht im direkten Duell mit der feindlichen Infanterie geschlagen – zu einem solchen ist es fast gar nicht gekommen –, sondern sie erlag dem kombinierten Einsatz der Infanterie, der Artillerie und vor allem der Kavallerie Gustav Adolfs.

In der Taktik der verbundenen Waffen hatte das schwedische Heer eine bis dahin unbekannte Perfektion erreicht. Die enge Zusammenarbeit des Fußvolks mit der leichten Artillerie, der die kaiserlich-ligistischen Truppen nichts Vergleichbares entgegenzustellen hatten, wurde bereits erwähnt. Die Infanterie ihrerseits unterstützte die Reiterei durch die Detachierung von Musketiertrupps, die zwischen den einzelnen Schwadronen des ersten Treffens zu stehen kamen und durch ihr überraschendes Feuer den Schock der feindlichen Kavallerie brachen. Diese Aufgabenteilung erwies sich als wirksamer als die Neigung der deutschen Reiterei, durch intensives eigenes Feuern mit Arkebusen und Pistolen, dem Einbruch vorzuarbeiten, denn dies reduzierte die Geschwindigkeit und die Wucht des Kavallerieanpralls. Gerade das Untermischen von Reiter- und Infanterieabteilungen auf den Flügeln sollte erheblich zum schwedischen Sieg bei Breitenfeld beitragen, da es die Niederlage der kaiserlich-ligistischen Kavallerie bewirkte, indem sie die bis dahin siegreichen Tercios Tillys den umfassenden Angriffen der feindlichen Reiterei ausgesetzt, zum Stehen gebracht, festgehalten und zur fast wehrlosen Zielscheibe der Artillerie und Infanterie gemacht wurden.

Eine wesentliche Voraussetzung für diesen flexiblen, die Truppen sukzessive und in enger Kooperation der verschiedenen Waffengattungen ins Gefecht bringenden Einsatz der schwedischen Armee war die Aufgliederung der Schlachtordnung in zwei Treffen, die nicht nur, wie bisher üblich, während der Annäherung, sondern zunächst auch im Kampf aufrechterhalten wurde. Dadurch behielt der Feldherr über den Zeitpunkt des ersten Zusammenpralls hinaus einen Teil seiner Truppen in der Hand und konnte auf eine unvorhergesehene Entwicklung der Schlacht angemessen reagieren. Dabei darf man aber nicht übersehen, dass die Aufstellung in einem einzigen Treffen nicht Tillys normales Verfahren war, der das Gefecht durchaus auch aus der Tiefe zu führen verstand, sondern bei Breitenfeld einen Notbehelf darstellte, um die erhebliche numerische Übermacht des schwedisch-sächsischen Heeres auszugleichen.

Die absolute und grundsätzliche Überlegenheit der niederländisch-schwedischen Taktik, wie man sie gern aus dem Triumph von Breitenfeld ableitet, wird aber nicht nur durch die Überzahl des Siegers etwas relativiert, sie bedarf auch noch anderer Einschränkungen. So sollte die Tatsache nachdenklich machen, dass die verschiedenen protestantischen Armeen, die Tilly im Lauf der 1620er-Jahre entgegentraten und die alle in der einen oder anderen Form der Niederländischen Taktik ausgebildet waren, fortwährend bös aufs Haupt geschlagen wurden und dass auch die Schweden selbst drei Jahre nach Breitenfeld in der Schlacht von Nördlingen eine noch vernichtendere Niederlage durch ein spanisch-kaiserlich-ligistisches Heer erlitten. Man muss auch berücksichtigen, dass die eigentlichen schwedischen Einheiten schon nach kurzer Zeit nur mehr eine Minderheit in der Armee Gustav Adolfs und seiner Nachfolger darstellten, und die große Masse aus dem deutschen Söldnerreservoir rekrutiert wurde, aus dem alle Armeen des Dreißigjährigen Krieges schöpften. Schon dieser Gesichtspunkt wird Tilly abgehalten haben, den Versuch zu unternehmen, sich ein ganz neuartiges taktisches Instrument zu formen, da sich eine solch spezielle Kreation unter den Friktionen des Kriegs ja doch bald wieder den allgemeinen Verhältnissen hätte angleichen müssen. Zudem wären solche Experimente mit erheblichen Extrakosten verbunden gewesen, die er von Maximilian oder den anderen Ligaständen gewiss nicht bewilligt bekommen hätte.

Sicher war Tilly auch vom Wesen her ein Mann, dem der Sinn mehr nach dem Bewährten stand, und der – wie etwa auch Napoleon – seine taktischen Formationen als Instrumente einer dynamischen Massentaktik, als Steine auf dem Spielbrett der Schlacht einsetzte, ohne allzusehr an der Beschaffenheit dieser Spielsteine herumzufeilen. Die schöpferische Phantasie, das Interesse an systematischen theoretischen Studien, die detailverliebte Experimentierfreude, die Gustav Adolf bei seinen taktischen Reformen bewies, gingen Tilly also gänzlich ab. Der ligistische Generalleutnant war ein an der Erfahrung orientierter Praktiker, dessen Ehrgeiz nicht der Schaffung neuer Organisationsformen und elementartaktischer Verfahrensweisen galt, sondern der mit den überkommenen, allenfalls etwas modifizierten Mitteln der Kriegskunst die operative und taktische Führung im Großen nach seinen eigenen, durchaus nicht orthodoxen Vorstellungen gestalten wollte. Auf diesem Gebiet liegen Tillys bemerkenswerte Feldherrnleistungen. Die verbreitete Ansicht, der Krieg sei kunstvoll vorsichtig unter Vermeidung aller Risiken zu führen, teilte Tilly nicht. Er wollte, wo nur immer möglich, eine rasche und gründliche Entscheidung erzielen.

»Allmächtiger Gott der Heerscharen, König des Himmels und der Erde und aller Könige und Herr aller Herrscher! … ich bitte Dich inständig und flehe Dich an, daß Du auch mir, Deinem unwürdigen Diener, welcher den Krieg führt für den Ruhm Deines Namens, für die Erhaltung und Verbreitung Deiner heiligen Religion und Kirche, für die Rettung zahlloser Seelen vom ewigen Untergang, Beistand leisten und mich erleuchten mögest, wie ich am besten mein Feldherrnamt zu führen habe … Denn ich wünsche, daß nicht mir, sondern Dir, dem unsterblichen Könige der Jahrhunderte, meinem gütigsten und unsichtbaren Gott und Herrn, von dem alles Gute kommt, allein Ehre und Ruhm aus den von Dir verliehenen Siegen bei allen Sterblichen werde, und ich bitte Dich demütig, daß Du meine Seele immer von jeder Überhebung frei bewahrest, damit ich mir nie die Ehre eines großen Werkes und einer heroischen Tat … anzumaßen wage, sondern immer ganz Dir allein zuschreibe … Besonders aber flehen wir Dich an, heiligste Gottesgebärerin, Trösterin der Betrübten, Zuflucht der Sünder, Fürsprecherin, Schützerin und Helferin der Christen! Bitte auch Du für uns, heiliger Michael, Fürst der himmlischen Heerscharen, der Du im Kampf gegen den Drachen den Sieg davongetragen! … Alle heiligen Krieger bittet für uns. Alle Heilige Gottes, die ihr je in Deutschland gelebt habt, deren hochheilige Reliquien in demselben vorhanden sind, deren ruhmreiches Andenken und deren Verehrung bei den deutschen Katholiken in Übung ist, von den Häretikern, unseren Feinden, aber aufs unwürdigste verachtet wird, indem sie mit größtem Eifer die gänzliche Vernichtung derselben anstreben, bittet für uns!«

Aus einem Schlachtengebet Tillys nach P. Jakob Balde S. J., »Magnus Tillius Redivivus«, 1632

Sobald sich eine Gelegenheit abzeichnete, den Gegner unter auch nur einigermaßen erfolgversprechenden Bedingungen zum Kampf stellen zu können, zeigte Tilly eine aggressive Energie, ein ganz auf die Vernichtung der feindlichen Armee konzentriertes Denken, das in seiner Zeit einzig dasteht. Operative Vorbereitung und taktische Durchführung der meisten Hauptschlachten Tillys ähneln sich daher in auffallender Weise: Hat er die Möglichkeit erkannt, eine entscheidende Aktion herbeizuführen, fasst er alle rasch verfügbaren Truppen zusammen und marschiert, so schnell er nur kann, auf den Gegner los, worauf dieser dem offenen Kampf auszuweichen versucht, indem er den Rückzug antritt oder, sollte sich das nicht mehr bewerkstelligen lassen, eine starke Verteidigungsstellung einnimmt. Tilly hält trotzdem unbeirrbar an seinem Ziel fest, den Feind zum Schlagen zu zwingen. Charakteristisch ist die mit größter Hartnäckigkeit betriebene Verfolgung vor der Schlacht, die den Kämpfen auf dem Weißen Berg, bei Höchst, bei Stadtlohn, bei Lutter vorausgeht, und durch die Tilly eine sich von Tag zu Tag steigernde moralische Überlegenheit erringt, noch bevor der eigentliche Kampf beginnt. Die Schlacht selbst ist grundsätzlich eine Angriffsschlacht, da die Initiative zur taktischen Entscheidung unter den geschilderten Bedingungen ja nur von Tilly ausgehen kann. Der Generalleutnant ist dabei zu beträchtlichen Risiken bereit, um nur nicht die Gelegenheit, zum Kampf zu kommen, zu versäumen. Über Fronthindernisse wie den Litowitzer Bach im Vorfeld des Weißen Berges, den Kleinen Bach bei Wiesloch, den Sulzbach bei Höchst, eine Hügelkette und einen Morast bei Stadtlohn, die Neile bei Lutter, von denen sich der Gegner eine abschreckende Wirkung verspricht, stürmt Tilly mit einer Bedenkenlosigkeit hinweg, die vielen seiner Zeitgenossen als sträflicher Leichtsinn erschienen ist. Die zuerst passierenden Truppen geraten dabei wiederholt in arge Bedrängnis, aber nur bei Wiesloch wird Tillys Kühnheit durch eine Teilniederlage mit empfindlichen Verlusten bestraft, in allen anderen Fällen gelingt das Manöver mit glänzendem Erfolg.

Der Sieg der Schweden bei Breitenfeld war nicht das Resultat eines vorgefassten Schlachtplans, vielmehr war er der Triumph der Elementartaktik und damit der langjährigen Organisations- und Experimentiertätigkeit Gustav Adolfs. Die Anlage der Schlacht durch Tilly darf trotz der vernichtenden Niederlage als beachtliche Feldherrnleistung gelten. Der mit aller Konsequenz in die Tat umgesetzte Gedanke, die Schweden in der Front fast nur mit Artillerie und auf ihrem rechten Flügel durch Pappenheims Attacken zu beschäftigen, überraschend einen Schwerpunkt gegen die Sachsen zu bilden und diese so schnell wie möglich vom Feld zu jagen, um dann von deren Position aus die Schweden von der Flanke her aufzurollen, hatte Gustav Adolf überrascht, ihm die Initiative geraubt und ihn und seine Unterführer zu improvisierten Reaktionen gezwungen. Bewusst oder unbewusst hatte Tilly die Taktik der schiefen Schlachtordnung angewandt, und das zunächst mit durchschlagendem Erfolg. Die Improvisationen Gustav Adolfs und seiner Generäle, allen voran Horn, waren aber ausreichend, dem alten Feldherrn den schon fast sicheren Sieg zu entwinden, denn es zeigte sich, dass die kaiserlich-ligistische Armee von der Aufgabe überfordert war, den Plan ihres Führers mit der Schnelligkeit und Präzision durchzuführen, die angesichts eines so gewandten und flexiblen, elementartaktisch überlegenen und kaltblütig-selbstsicheren Gegners erforderlich waren.

Höhepunkte eines Soldatenlebens
Die wichtigsten Schlachten Tillys im Dreißigjährigen Krieg; die Zahlenangaben stellen bestmögliche Annäherungswerte dar.

Schlacht auf dem Weißen Berg, 8. November 1620
Tilly und Bucquoy:
19.000 Infanterie, 6.000 Kavallerie, 12 Geschütze
(Infanterie und Kavallerie nur zu zwei Dritteln eingesetzt)
Verluste: 300 Tote, 700 Verwundete
Christian von Anhalt:
11.000 Infanterie, 11.000 Kavallerie, 10 Geschütze
Verluste: 3–4.000 Tote, 1.000 Gefangene (z. T. verwundet), 100 Feldzeichen, alle Geschütze

Schlacht bei Wimpfen, 6. Mai 1622
Tilly und Cordoba:
13.000 Infanterie, 5.000 Kavallerie, 10 Geschütze
Verluste: 600 Tote, 1.200 Verwundete
Georg Friedrich Markgraf von Baden-Durlach:
10.000 Infanterie, 3.500 Kavallerie, 80 Geschütze
(davon 70 auf 70 Kampfwagen montiert)
Verluste: 2.000 Tote, 1.100 Gefangene (z. T. verwundet), 10 Feldzeichen, alle Geschütze und Wagen

Schlacht bei Stadtlohn, 6. August 1623
Tilly:
16.000 Infanterie, 6.000 Kavallerie, 14 Geschütze
(Infanterie und Kavallerie nur zur Hälfte eingesetzt)
Verluste: 300 Tote, 600 Verwundete
Christian von Halberstadt:
12.000 Infanterie, 4.500 Kavallerie, 16 Geschütze
Verluste: über 6.000 Tote, 4.000 Gefangene (z. T. verwundet), über 100 Feldzeichen, alle Geschütze

Schlacht bei Lutter am Barenberge, 27. August 1626
Tilly:
17.000 Infanterie, 7.000 Kavallerie, 13–20 Geschütze
Verluste: 250 Tote, 500 Verwundete
Christian IV. von Dänemark:
15.000 Infanterie, 5.000 Kavallerie, 20 Geschütze
Verluste: 3–4.000 Tote, 2.500 Gefangene (z. T. verwundet), mindestens 60 Feldzeichen, alle Geschütze

Schlacht bei Breitenfeld, 17. September 1631
Tilly:
21.000 Infanterie, 11.000 Kavallerie, 26 Geschütze
Verluste: 7.600 Tote, 6.000 Gefangene (z. T. verwundet), 120 Feldzeichen, alle Geschütze
Gustav Adolf und Arnim:
28.000 Infanterie, 13.000 Kavallerie, 64–74 Geschütze
Verluste: 3.200 Tote, 3.000 Verwundete

Lechübergang bei Rain, 15. April 1632
Tilly:
17.000 Infanterie, 5.000 Kavallerie, 20 Geschütze
(Infanterie und Kavallerie zu zwei Dritteln eingesetzt)
Verluste: 1.000 Tote, 2.000 Verwundete
Gustav Adolf:
22.000 Infanterie, 15.000 Kavallerie, 72 Geschütze
(Infanterie und Kavallerie zu etwa einem Drittel eingesetzt)
Verluste: 700 Tote, 1.300 Verwundete

TILLYS CHARAKTERBILD UND DIE
SCHULDFRAGE VON MAGDEBURG

*»Der Du gelehrt hast meine Hände den Krieg, meine Arme,
den ehernen Bogen zu spannen.*

*Du gabst mir Deine Hilfe zum Schild, Dein Zuspruch machte
mich groß.*

*Du schaffst meinen Schritten weiten Raum, meine Knöchel
wanken nicht.*

*Ich verfolge meine Feinde und vertilge sie, ich kehre nicht um,
bis sie vernichtet sind.*

*Ich vernichte sie, ich schlage sie nieder, sie können sich nicht
mehr erheben, sie fallen und liegen unter meinen Füßen.*

*Du hast mich zum Kampf mit Kraft umgürtet, hast alle in die
Knie gezwungen, die sich gegen mich erhoben.*

*Meine Feinde hast Du in die Flucht geschlagen, ich konnte die
vernichten, die mich hassen.*

*Sie schreien, doch hilft ihnen niemand, sie schreien zum Herrn,
doch er gibt keine Antwort.*

*Ich zermalme sie wie Staub auf der Erde, wie Unrat auf der
Straße zertrete, zermalme ich sie.«*

Dankgebet Davids, 2 Samuel, 22, 35-43.
Der erste der hier zitierten Verse steht in lat. Sprache auf dem Altar von Tillys Grabkapelle

Wäre Tilly 1630 gestorben oder hätte er das Angebot der Nachfolge Wallensteins abgelehnt, wie er es nur zu gerne getan hätte, es wären ihm die zwei Ereignisse erspart geblieben, die seinen Namen vor Zeitgenossen und Nachwelt verdunkeln sollten, Magdeburg und Breitenfeld.

Während die Niederlage gegen Gustav Adolf seinem militärischen Ruhm schweren Schaden zufügte, war es die Zerstörung von Magdeburg, die grauenhafteste Katastrophe des an Greueln nicht eben armen Dreißigjährigen Krieges, die nach verbreiteter Ansicht seiner menschlichen Integrität einen tödlichen Schlag versetzte. Gewiss, Tilly wurde auch in anderen Fällen mit den Gewalttaten seiner Soldateska, wie sie vor allem nach der Erstürmung fester Plätze Kriegsrecht und daher unvermeidbar waren, identifiziert, aber dieses Schicksal teilte er mit anderen Heerführern seiner Zeit, die trotz eifrigen Bemühens ihre Truppen nicht im gewünschten Maße unter Kontrolle halten konnten. Erst der Untergang von Magdeburg rückte jedoch die Furchtbarkeit seiner Kriegführung in eine eigene Dimension und machte sie zum Inbegriff der Schrecken des Dreißigjährigen Krieges.

Die Zerstörung Magdeburgs stellte nicht nur eine beispiellose Katastrophe für die Stadt und die Bürger dar, sie war auch das äußerste Missgeschick, das die katholische Sache und Tilly persönlich treffen konnte. Die kaiserlich-ligistische Führung hatte damit gerechnet, auf das stark befestigte und reichlich verproviantierte Magdeburg gestützt, ihre ausgehungerten Truppen im Umkreis der Stadt konzentriert halten zu können, um jedem Vordringen des Gegners aus einer Position der Stärke heraus entgegenzutreten.

Der große Brand hatte nun zwar den Befestigungsanlagen nicht viel anhaben können, doch hatte er Quartiere und Magazine fast restlos vernichtet, so dass die Stadt ihren Wert als Hauptfestung und Operationsbasis eingebüßt hatte. Die weiterhin katastrophale Versorgungslage zwang Tilly, bald nach seinem Pyrrhussieg den Raum Magdeburg mit dem Gros seiner Truppen zu verlassen. Tilly hätte seinen eigenen militärischen Interessen nicht schlimmer zuwiderhandeln können, als die eroberte Stadt absichtlich in Brand stecken zu lassen. Eben dieser absurde Vorwurf hat aber das Urteil über den Feldherrn bis weit ins 19. Jahrhundert hinein beherrscht und ist in der populären Vorstellung auch heute noch weit verbreitet.

Die erste Reaktion im protestantischen Deutschland war von lähmendem Entsetzen und Entmutigung gekennzeichnet, doch schon bald nutzte die schwedische und sächsische Propaganda die Magdeburger Greuel, um den Gegner moralisch zu vernichten und die bis dahin nur stockend zustandekommende Allianz gegen den Kaiser durch Schrecken und Empörung voranzutreiben und zu festigen. Nachdem man zunächst Pappenheim für den Brand verantwortlich gemacht hatte, trafen die Vorwürfe bald den Oberbefehlshaber, der als blutrünstiger

Freier der Magdeburger Jungfrau auf zahllosen Flugblättern sein Unwesen trieb. Als schließlich 1791 Schiller diese Tradition in seine »Geschichte des Dreißigjährigen Krieges« übernahm, schien das Bild vom grausamen »Mordbrenner« festzustehen.

In der Mitte des 19. Jahrhunderts wurde diese Darstellung jedoch von einzelnen Historikern in Zweifel gezogen – katholischen wie protestantischen –, und die nun einsetzende intensive Durchforschung der Quellen erwies schon bald die Unhaltbarkeit der herrschenden Auffassung. Das wiederum verursachte in den folgenden Jahrzehnten eine mit heftiger Polemik betriebene Suche nach dem eigentlichen Brandstifter von Magdeburg. Wir brauchen den letztlich nicht beweisbaren Hypothesen, nach denen bald Pappenheim, bald einzelne plündernde Soldaten, bald die Verteidiger selbst die Stadt angezündet haben sollen, hier nicht weiter nachzugehen, denn in einem Punkt sind sich die Forscher einig: Tilly hat das Unglück nicht absichtlich herbeigeführt und auch nicht wohlwollend hingenommen.

Nun fragt sich, ob es in der Frühneuzeit überhaupt ein gültiges Kriegsrecht nach Art der Haager Landkriegsordnung von 1907 oder der Genfer Konventionen von 1929 und 1949 gegeben hat. Nach Ansicht des großen Völkerrechtlers Hugo Grotius, der 1625 sein Standardwerk »*De Iure Belli et Pacis*« herausbrachte, gab es ein für beide kriegführende Parteien geltendes Strafrecht faktisch nicht. Andererseits betrachtet man die anderthalb Jahrhunderte zwischen 1550 und 1700 als die Zeit der zunehmenden Verrechtlichung des Krieges, in der die militärische Praxis mehr und mehr Restriktionen unterworfen wurde. Diese Verrechtlichung war aber zunächst vor allem theoretischer Natur. Das hatte zwar Rückwirkungen auf die Realität des Krieges, darf aber nicht ohne weiteres mit dieser gleichgesetzt werden. Man muss drei rechtliche Ebenen unterscheiden, die im militärischen Alltag freilich ineinanderflossen, die des (unverbindlichen) gelehrten Kriegsrechts, die der (verbindlichen) Kriegsartikel und die der widerspruchsvollen Kriegswirklichkeit. Die Grundsätze und Maßstäbe bezog man aus der Bibel und deren Auslegung durch die Kirchenväter und die

Scholastik, dem positiven wie negativen Vorbild der römischen Antike, dem mittelalterlichen Fehderecht und dem Gewohnheitsrecht der Landsknechtszeit.

Hinzu traten in wachsendem Maß naturrechtliche Theorien, die vor allem aus der antiken Philosophie schöpften. In rechtlich verbindlicher Weise kodifiziert waren nur die vor allem auf dem Gewohnheitsrecht basierenden Kriegsartikel, die freilich ausschließlich für die Armee galten, für die sie erlassen worden waren. Angesichts des internationalen Charakters des Söldnertums und der fluktuierenden Zusammensetzung der Heere ähnelten sich die mittel- und westeuropäischen Artikelbriefe allerdings sehr stark. Die Bestimmungen waren vor allem praktisch orientiert und sollten einen disziplinierten, effektiven Dienstbetrieb gewährleisten. Sie enthielten regelmäßig auch Verbote, eigenmächtig zu plündern und andere Gewalttakte zu begehen, wobei strengste Bestrafung angedroht wurde.

Keine Form der Kriegführung war in solchem Maß vom Gewohnheitsrecht in Form eines stillschweigend anerkannten Verhaltenskodex geprägt wie der Belagerungskrieg. Mit seinem langsamen, verhältnismäßig berechenbaren Ablauf und der starken Involvierung der Zivilbevölkerung bot er sich hierfür auch besonders an. Mit einem begrenzten Schauplatz, einem klar erkennbaren Beginn und einem ebenso eindeutigen und absoluten Ende in Form von Abbruch, Übergabe aufgrund ausgehandelter Bedingungen – eine frühe Form von Friedensvertrag – oder mit der Erstürmung war eine Belagerung gewissermaßen ein Krieg im Krieg. Verwarf der Verteidiger alle Aufforderungen zur Kapitulation und kam es zum Sturmangriff, dann war freilich der plötzliche Übergang von der reglementiertesten und kalkulierbarsten zur unreglementiertesten, wildesten, man könnte sagen absolutesten Art des Kriegführens umso schockierender.

Eine wichtige Entwicklung, die von der Rechtstheorie ausging und entscheidend zur allmählichen »Zähmung« der Kriegspraxis beitragen sollte, war die Relativierung der Position von Recht und Unrecht. Sie ging von den Vertretern der spanischen Spätscholastik wie Vitoria und Ayala aus und wurde von Grotius übernommen. Während man im Mittelalter, auf Fehderecht, Gottesurteil und der Lehre vom Gerechten Krieg basierend, im bewaffneten Kampf einen Rechtsstreit sah, in dem eine Seite zwangsläufig recht, die andere unrecht hatte, wurde nun von einem »beiderseits gerechten Krieg« gesprochen. Mochte auch einer der Gegner objektiv im Recht sein, so billigte man doch dem Gegner zu, gleichfalls in der subjektiven Überzeugung zu kämpfen, das Recht auf seiner Seite zu haben. Staatsraison und Pragmatismus beherrschten nun eine zusehends entemotionalisierte und rationalisierte Kriegführung. Es ist wichtig zu wissen, dass Balthazar Ayala (1548–1584) spanischer Militärrichter in den Niederlanden war, also zu einer Zeit, in der dort der Herzog von Parma kommandierte und der junge Tilly seine militärische Prägung erhielt.

Unzweifelhaft steht fest, dass Tilly den Angriffsbefehl auf Magdeburg ungern und mit großem Zögern gab. Man kann dafür militärische und mentale Gründe anführen, doch die Sorge vor dem in solchen Fällen erfahrungsgemäß zu erwartenden Blutbad mag durchaus auch eine Rolle gespielt haben. Zur Kräftigung des Angriffsgeists wurde den Truppen eine dreitägige Plünderung versprochen, wie das in solchen Fällen üblich war.

Nach erfolgter Eroberung und wohl kurz nach Ausbruch des Brandes ritt Tilly in die Stadt ein und ordnete Maßnahmen an, um die noch nicht von den Flammen ergriffenen Gebäude, vor allem den Dom und das Kloster U. L. Frau, zu erhalten, womit er auch Erfolg hatte. Da sich viele Menschen in diese Gebäude gerettet hatten, verdankte also eine nicht unbeträchtliche Zahl von Magdeburgern ihm das Leben. Allerdings ist es umstritten, ob es Tilly nicht ausschließlich um die Erhaltung von Kirche und Kloster gegangen ist, die dem katholischen Kult zurückgegeben werden sollten, und die Rettung von Menschenleben nur eine ihn wenig interessierende Begleiterscheinung war. Dass ihm die Kirchengebäude sehr am Herzen lagen, steht fest und zeigte sich auch an seinem Verhalten in den Tagen nach der Katastrophe. Trotzdem ergibt sich hieraus noch nicht, der humanitäre Aspekt seines Tuns sei ihm gleichgültig gewesen.

Verschiedentlich wird bezeugt, der Generalleutnant habe Zeichen der Erschütterung gezeigt und Tränen vergossen, als er durch die Straßen ritt. Aus den in den Tagen nach dem Sturm verfassten Briefen und seinen Erklärungen vor kursächsischen Gesandten in Oldisleben ist ein starkes Rechtfertigungsbedürfnis zu entnehmen. Immer wieder verweist er auf die ausgeschlagenen Kapitulationsangebote, erwähnt seine Löschaktionen, lamentiert über die logistischen Konsequenzen. Als triumphierender Fanatiker hat er sich gewiss nicht betragen.

> *»Der schnelle Geist des jungen Paters hatte schon begriffen: die Exzellenz [Tilly] hatte für die Zerstörung Magdeburgs einzustehen. Vor der Welt der Lebenden und vor der Posterität würde sie das furchtbare Ereignis zu vertreten haben. Die Exzellenz erwartete mit ihren mehr denn siebzig Jahren ein Martyrium ohnegleichen – nicht das glorreiche Martyrium des gefallenen Helden, das der Exzellenz einzig würdig gewesen wäre, sondern wenn das Herz der Katholischen Exzellenz einmal an der edlen Wunde der Schlacht verbluten sollte, so würde es bereits vorher am eklen Biß der ungerechten Beschuldigung verblutet sein.«*
> Gertrud von le Fort, »Die Magdeburgische Hochzeit« (1938)

Wenn Tilly also auch nicht der blutige Wüterich der protestantischen Legende war, die Tatsache, dass er sich nach der Einnahme Magdeburgs einmal mehr als kompromissloser Vollstrecker des Restitutionsedikts zu erkennen gab, kann nicht geleugnet werden. Fünf Tage nach der Katastrophe ließ er inmitten der Ruinen den Dom unter großen Feierlichkeiten dem alten Kult zurückgeben. Den überlebenden Bürgern der Stadt, aus der ein von wallonischen Einwanderern zu besiedelndes Marienburg werden sollte, verweigerte er die Zulassung protestantischer Geistlicher.

Ohne Zweifel war und blieb Tilly im Herzen stets ein Mann des Religionskrieges, was der Dreißigjährige Krieg bis 1635 – unter anderem – ja auch wirklich gewesen ist, nach Erlass des Restitutionsedikts und der Landung Gustav Adolfs mehr denn je. Die übereifrigen Apologeten des Generalleutnants pflegten dies in Reaktion auf die übliche Verteufelung ihres Helden zu übersehen oder unter den Tisch zu kehren.

Die starke, ja militante Religiosität Tillys, die sein Handeln oft engherzig, wenn auch nie blind fanatisch erscheinen lässt, bildete aber zugleich das tragende Fundament für sein hohes Pflichtgefühl, sein Verantwortungsbewusstsein, seine ehrliche und aufopfernde Hingabe an die Sache, der er diente, kurz, für all die viel gepriesenen und allgemein anerkannten Tugenden Tillys, die ihn vor seinen im eigenen Interesse abenteuernden Kollegen auszeichneten.

Zeittafel

1. **Lebens- und Regierungszeiten der für die Biografie Tillys wichtigsten Herrscher**
   a) Spanien
      – König Philipp II. *1527, reg. 1555–1598
      – König Philipp III. *1578, reg. 1598–1621
      – König Philipp IV. *1605, reg. 1621–1665
   b) Heiliges Römisches Reich Deutscher Nation
      – Kaiser Rudolf II. *1552, reg. 1576–1612
      – Kaiser Matthias *1557, reg. 1612–1619
      – Kaiser Ferdinand II. *1578, reg. 1619–1637
   c) Bayern
      – Herzog Wilhelm V., *1548, reg. 1579–1597/1598
      – Herzog/Kurfürst Maximilian I. *1573, reg. 1598–1623 als Herzog, 1623–1651 als Kurfürst
   d) Dänemark
      – König Christian IV. *1577, reg. 1593/1598–1648
   e) Schweden
      – König Gustav II. Adolf *1594, reg. 1611–1632

2. **Daten der für die Biografie Tillys wichtigsten Kriege**
   a) Hugenottenkriege in Frankreich (8 Teilkriege) 1562–1598
   b) »Achtzigjähriger« Unabhängigkeitskrieg der Niederlande gegen Spanien (1609–1621 durch einen Waffenstillstand unterbrochen) 1568–1648
   c) Kölner oder Truchsessischer Krieg 1583–1585/1588
   d) »Langer« Türkenkrieg 1593–1606
   e) Dreißigjähriger Krieg 1618–1648
      – Böhmisch-Pfälzischer Krieg 1618–1623/1625
      – Niedersächsisch-Dänischer Krieg 1625–1629
      – Schwedischer Krieg 1630–1635
      – Schwedisch-Französischer Krieg 1635–1648

3. Chronik

Februar 1559	Johann (Jean) Tserclaes (eigentlich T'Serclaes) von Tilly als 2. Sohn des Martin T'Serclaes von Tilly (†1597) und der aus Mitteldeutschland stammenden Dorothea von Schierstädt auf Burg Tilly (Villers-la-Ville, Brabant) oder in Brüssel geboren
1568	Verbannung des Vaters durch den Herzog von Alba, Konfiskation seiner Güter
um 1570–1575	Besuch der Jesuitenschulen in Châtelet bei Lüttich und Köln
1574	Rehabilitation des Vaters
spätestens 1578	Eintritt in die spanische Armee unter Alexander Farnese, Herzog von Parma
ab 1583	Teilnahme am Kölner Krieg
1585	Teilnahme an der erfolgreichen Belagerung von Antwerpen unter dem Herzog von Parma
spätestens ab 1587	Teilnahme am 8. Hugenottenkrieg, zunächst in einem spanischen Hilfskorps, dann in lothringischen Diensten
1587	Teilnahme an der siegreichen Schlacht von Auneau
1589	Teilnahme an der Niederlage von Arques
1590	Teilnahme an der Niederlage von Ivry
ab 1598	Tilly in kaiserlichen Diensten, Teilnahme am »Langen« Türkenkrieg
1600	Beförderung zum Oberstleutnant
1602	Beförderung zum Obersten
1602	Tilly erstürmt Stuhlweißenburg
1602	Tilly beim (vergeblichen) Angriff auf Ofen (Buda) schwer verwundet
1603	Beförderung zum Generalwachtmeister
1604	Beförderung zum General der Artillerie
1604	Tilly entsetzt Gran
1604	Beförderung zum Feldmarschall

1605	Sieg Tillys bei Rábahidvég
1608	Konflikt zwischen Kaiser Rudolf II. und seinem Bruder Erzherzog Matthias
1608	Tilly, loyal zu Rudolf II., quittiert den kaiserlichen Dienst
1609	Gründung der Katholischen Liga der meisten katholischen deutschen Reichsstände unter Führung Herzog Maximilians I. von Bayern
1610	Tilly tritt als Generalleutnant in die Dienste Herzog Maximilians I. von Bayern
1611	Tilly kommandiert die bayerischen Truppen im »Salzkrieg« gegen den Erzbischof von Salzburg
1618	Aufstand in Böhmen, Beginn des Dreißigjährigen Krieges
1619	Münchner Vertrag zwischen Kaiser Ferdinand II. und Herzog Maximilian I. von Bayern
Juli 1620	Die bayerisch-ligistische Armee unter Maximilian I. und Tilly rückt in Oberösterreich ein und wirft den Aufstand der dortigen Protestanten nieder
8. November 1620	Schlacht auf dem Weißen Berg oder bei Prag. Entscheidender Sieg der ligistisch-kaiserlichen Streitkräfte unter Maximilian I., Tilly und Bucquoy über die böhmisch-pfälzisch-ständischen Truppen unter Christian von Anhalt
1621	Besetzung der Oberpfalz, Stellungskampf gegen Ernst v. Mansfeld bei Waidhaus, Verfolgung Mansfelds in die Rheinpfalz
1622	Feldzug in der Rheinpfalz
5. April 1622	Erfolgreiches Gefecht bei Bruchsal
27. April 1622	Niederlage gegen Mansfeld im Gefecht bei Mingolsheim

6. Mai 1622	Schlacht bei Wimpfen. Die ligistische Armee unter Tilly und die spanische unter Córdoba besiegen nach hartem Kampf die badisch-pfälzischen Streitkräfte unter dem Markgrafen Georg Friedrich von Baden-Durlach
20. Juni 1622	Schlacht bei Höchst. Tilly schlägt die Truppen des Herzogs Christian von Braunschweig-Lüneburg, Administrators von Halberstadt, bekannt als »Toller Halberstädter«
13. September 1622	Der Kaiser erhebt Tilly in den Grafenstand
16. September 1622	Tillys Armee erstürmt die kurpfälzische Hauptstadt Heidelberg
Winter 1622/1623	Tilly verfolgt Manstein nach Ostfriesland
25. Februar 1623	Erhebung Maximilians I. zum Kurfürsten
6. August 1623	Schlacht bei Stadtlohn. Die ligistische Armee unter Tilly schlägt entscheidend die Truppen Christians von Halberstadt
25./26. Dezember 1623	Tilly schlägt Mansfeld bei Altenoythe und vertreibt ihn nach Holland
1624	Tilly erhält die Herrschaft Breitenegg in der Oberpfalz verliehen, die in den nächsten Jahren noch erheblich erweitert wird
1625	Tilly rückt zum Schutz gegen Christian IV. von Dänemark in den Niedersächsischen Kreis ein; Kriegseintritt Dänemarks, erste gemeinsame Operationen mit dem kaiserlichen Generalissimus Wallenstein
Winter 1625/1626	Tilly führt in Braunschweig vergebliche Friedensverhandlungen
10. Juni 1626	Tillys Truppen erstürmen Münden

3. August 1626	Tilly nimmt Göttingen ein
27. August 1626	Schlacht bei Lutter am Barenberge. Entscheidender Sieg der durch kaiserliche Einheiten verstärkten ligistischen Armee unter Tilly über die Dänen unter König Christian IV. von Dänemark
1627	Tillys Neffe, Adoptivsohn und späterer Erbe Werner (um 1595–1651) heiratet Franziska Barbara von Liechtenstein (1604–1655)
Sommer 1627	Tilly und Wallenstein besetzen den größten Teil Norddeutschlands und drängen Christian IV. hinter die Elbe
11. September 1627	Verwundung Tillys bei der Belagerung von Pinneberg
Winter 1627/1628	Tilly blockiert Stade
5. Mai 1628	Kapitulation von Stade
Januar–Juni 1629	Teilnahme Tillys an den Friedensverhandlungen in Lübeck
6. März 1629	Restitutionsedikt
7. Juni 1629	Friede von Lübeck zwischen dem Kaiser und Dänemark
Winter 1630	Die Infantin Isabella trägt Tilly das spanische Oberkommando in den Niederlanden an, Tilly lehnt aus Loyalität zu Maximilian I. ab
6. Juli 1630	Landung der Schweden unter König Gustav II. Adolf auf Usedom; Beginn des Schwedischen Krieges
Juli–November 1630	Kurfürstentag in Regensburg
13. August 1630	Entlassung Wallensteins
7./8. November 1630	Betrauung Tillys mit dem Doppelkommando über die kaiserlichen und ligistischen Armeen
Winter 1630/1631	Einschließung von Magdeburg
Februar–April 1631	Leipziger Konvent
19. März 1631	Tilly erstürmt Neu-Brandenburg

13. April 1631	Gustav Adolf erstürmt Frankfurt a. d. Oder
20. Mai 1631	Tilly lässt Magdeburg erstürmen, weitgehende Zerstörung der Stadt
Juli–August 1631	Gustav Adolf verweigert im verschanzten Lager von Werben die Schlacht
4. September 1631	Tilly marschiert in Sachsen ein
17. September 1631	Schlacht bei Breitenfeld oder bei Leipzig. Entscheidender Sieg der schwedisch-sächsischen Truppen unter Gustav Adolf über die kaiserlich-ligistischen Streitkräfte unter Tilly. Tilly verwundet
14. Oktober 1631	Gustav Adolfs Truppen erstürmen Würzburg
10. November 1631	Tillys Truppen erstürmen Rothenburg o. d. Tauber
15. Dezember 1631	Wallenstein übernimmt wieder das Kommando über die kaiserliche Armee
22. Dezember 1631	Gustav Adolf nimmt Mainz ein
9. März 1632	Tilly schlägt die Schweden unter Gustav Horn bei Bamberg
15. April 1632	Schlacht bei Rain am Lech. Die Schweden unter Gustav Adolf schlagen die Ligisten unter Maximilian I. und Tilly. Schwere Verwundung Tillys
20. April 1632	Gustav Adolf nimmt Augsburg ein
29. April–3. Mai 1632	Vergebliche Angriffe Gustav Adolfs auf Ingolstadt
30. April 1632	Tilly erliegt in Ingolstadt im Haus des Professors Arnold Rath seinen Wunden
Nacht vom 3. auf 4. Mai 1632	Nachdem der Leichnam drei Tage lang im Sterbehaus öffentlich aufgebahrt war, wird er in der Vorhalle (St. Hieronymus-Kapelle) der nahegelegenen Hl. Kreuz-Kirche der Ingolstädter Jesuiten (1859 abgebrochen) beigesetzt

1632	Jakob Balde verfasst sein großes Werk »*Magnus Tillius redivivus*« (1678 veröffentlicht)
1637	Bestattung des einbalsamierten Herzens Tillys unter den Bodenplatten des Oktogons der Hl. Kapelle in Altötting
1652	Überführung von Tillys Leichnam nach Altötting, wo er in der Gruft der St. Peterskapelle, der heutigen »Tillykapelle«, am Kreuzgang der Stiftskirche beigesetzt wird. Gleichzeitig mit ihm werden sein Neffe und Erbe Werner Graf von Tilly und zwei von dessen Kindern in der Gruft bestattet, ein Jahr später auch dessen Frau Franziska, geb. Liechtenstein

Bildnachweis

Foto-Studio Strauß, Altötting: 60, 61, 71
Junkelmann, Marcus: 69
Kurpfälzisches Museum, Heidelberg: 57
Münchner Stadtmuseum: 13 (Inv. Nr. G-MI/374), 16 (Inv. Nr. G-30/1191), 17 (Inv. Nr. G-MI/388), 18 (Inv. Nr. G-MI/391), 49 (Inv. Nr. G-MI/400), 86 (Inv. Nr. G-P/1493)
Privat: 21
Staatsbibliothek München: 33, 45, 48, 50/51, 52, 65, 80, 82
Stadtarchiv Rain am Lech: 68
Statens försvasthistoriksa Museer, Stockholm: 34

Einbandmotive: *vorne*: Tilly um 1620. – Öl auf Holz (akg-images, Berlin); *hinten*: Tilly. – Kupferstich, vermutlich auf einer Vorlage aus dem 17. Jh. basierend (Münchner Stadtmuseum; Inv. Nr. G-30/1191)

Literaturverzeichnis

Der Schriftverkehr Tillys aus der Zeit des Dreißigjährigen Krieges findet sich so gut wie vollständig publiziert in BRIEFE UND AKTEN. Zur quellenmäßigen Problematik einer Tilly-Biografie siehe KAISER, Tilly als biografisches Rätsel. Die vollständigste Bibliografie zum Thema findet sich in JUNKELMANN, „Der du gelehrt hast meine Hände den Krieg", 101–118. Dort auch die Nachweise der im vorliegenden Buch gebotenen zusammenfassenden Darstellungen und der Zitate. Der Band kann noch bezogen werden über: marcus.junkelmann@t-online.de

ALBRECHT, Dieter, Maximilian I. von Bayern 1573–1651, München 1998.

BRIEFE UND AKTEN = Briefe und Akten zur Geschichte des Dreißigjährigen Krieges. Neue Folge: Die Politik Maximilians I. und seiner Verbündeten 1618–1651, Bde. 1, 1. 2., 2, 1. 2. 3. 4. 5, 1907–1966.

CHALINE, Olivier, La bataille de la Montagne Blanche (8 novembre 1620). Un mystique chez les guerriers, Paris 1999.

DAMBOER, August, Die Krise des Söldner-Kapitalismus in Bayern unter Kurfürst Maximilian I. insbes. in der Zeit des Dreißigjährigen Krieges. Eine soziologische Studie, Diss. München 1921.

ELSNER, Tobias, Tilly – Heiliger oder Verbrecher? Das Urteil über den Zerstörer von Magdeburg im Wandel der Zeit, in: PUHLE Matthias / PETSCH, Peter (Hg.), Magdeburg. Geschichte der Stadt 805–2005, Dössel 2005, 395–410.

ENGERISSER, Peter, Von Kronach nach Nördlingen. Der Dreißigjährige Krieg in Franken, Schwaben und der Oberpfalz 1631–1635, Weißenstadt 2007.

GELDNER, Ferdinand, Tilly im Lichte der neuesten Forschung, in: Zeitschrift für Bayerische Landesgeschichte 7 (1934), 423–448.

GILARDONE Georg, Tilly. Der Heilige im Harnisch, München 1932.

GLASER, Hubert (Hg.), Um Glaube und Reich. Kurfürst Maximilian I. (Katalog »Wittelsbach und Bayern«, Bde. II, 1. 2), München 1980.

GOLLWITZER, Heinz, Vom Funktionswandel politischer Traditionen. Zum Bild Kurfürst Maximilians I. und Tillys in der bayerischen Überlieferung, in: KRAUS, Andreas (Hg.), Land und Reich, Stamm und Nation. Probleme und Perspektiven bayerischer Geschichte. Festgabe für Max Spindler zum 90. Geburtstag, 3 Bde., München 1984, Bd. 2, 51–80.

GUTHRIE, William P., Battles of the Thirty Years War. From White Mountain to Nordlingen, 1618–1635, Westport, London 2002.

HARINGER, Christian, Tillys Reiterdenkmal auf dem Altöttinger Kapellplatz, in: JUNKELMANN, Marcus, »Der du gelehrt hast meine Hände den Krieg«, 77–80.

HARTMANN, Peter C./SCHULLER, Florian (Hg.), Der Dreißigjährige Krieg. Facetten einer folgenreichen Epoche, Regensburg 2010.

JUNKELMANN, Marcus, Feldherr Maximilians: Johann Tserclaes Graf von Tilly, in: GLASER, Hubert (Hg.), Um Glaube und Reich, Bd. 1, 377–399.

JUNKELMANN, Marcus, Gustav Adolf. Schwedens Aufstieg zur Großmacht, Regensburg 1993.

JUNKELMANN, Marcus, »Der du gelehrt hast meine Hände den Krieg«: Tilly – Heiliger oder Kriegsverbrecher? Begleitpublikation zur gleichnamigen Ausstellung, Altötting 2007.

JUNKELMANN, Marcus, Tilly. Eine Karriere im Zeitalter der Religionskriege und der militärischen Revolution, in: Ders., »Der du gelehrt hast meine Hände den Krieg«, 6–51.

KAISER, Michael, Politik und Kriegführung. Maximilian I. von Bayern, Tilly und die Katholische Liga im Dreißigjährigen Krieg (Schriftenreihe zur Erforschung der Neueren Geschichte 28), Münster 1999.

KAISER, Michael, Cuius exercitus, eius religio? Konfession und Heerwesen im Zeitalter des Dreißigjährigen Krieges, in: Archiv für Reformationsgeschichte 91 (2000), 316–352.

KAISER, Michael, Tilly als biographisches Rätsel – Probleme seiner Biografie, in: JUNKELMANN, Marcus, »Der du gelehrt hast meine Hände den Krieg«, 52–55.

KAISER, Michael, Zwischen »ars moriendi« und »ars mortem evitandi«. Der Soldat und der Tod in der Frühen Neuzeit, in: Ders./Kroll, Stefan (Hg.), Militär und Religiosität in der Frühen Neuzeit, Münster 2004, 323–343.

KLOPP, Onno, Tilly im Dreißigjährigen Krieg, 2 Bde., Stuttgart 1861.

KRAUS, Hans-Christoph (Hg.), Politik und Kultur in Bayern seit Ludwig I., Regensburg 2011.

LAHNE, Werner, Magdeburgs Zerstörung in der zeitgenössischen Publizistik, Magdeburg 1931.

LANG, Elisabeth Constanze, Friedrich V., Tilly und Gustav Adolf im Flugblatt des Dreißigjährigen Krieges, Diss. Austin 1974.

LEONHARDT, Peter, »Tugendt- vnd Laster-Kampff.« Studien zur Bildpublizistik nach der Schlacht bei Breitenfeld (1631), Diss. Leipzig 1997.

MANN, Golo, Wallenstein. Sein Leben erzählt von Golo Mann, Frankfurt a. M. 1971.

MANN, Harald Johannes, Die Stadt Rain und der Dreißigjährige Krieg. Die Schlacht bei Rain vom 14./15. April 1632 im geschichtlichen Zusammenhang, Rain am Lech 2007 (1984).

PETERS, Jan (Hg.), Ein Söldnerleben im Dreißigjährigen Krieg. Eine Quelle zur Sozialgeschichte, Berlin 1993.

PUHLE, Matthias (Hg.), »... gantz verheeret!« Magdeburg und der Dreißigjährige Krieg. Beiträge zur Stadtgeschichte und Katalog zur Ausstellung des Kulturhistorischen Museums Magdeburg, Magdeburg 1998.

STROH, Wilfried, »Des Mars germanischer Sprössling« – Jakob Balde huldigt Johann Tilly, in: JUNKELMANN, Marcus, »Der du gelehrt hast meine Hände den Krieg«, 67–76.

VILLERMONT, Antoine Charles Hennequin Comte de, Tilly oder der Dreißigjährige Krieg von 1618 bis 1632, Schaffhausen 1860 (französ. Originalausgabe 1860).

WITTICH, Karl, Magdeburg, Gustav Adolf und Tilly, 2 Bde., Berlin 1874.

kleine bayerische biografien – herausragende bayerische Persönlichkeiten im Porträt

Marcus Spangenberg
Ludwig II.
Der andere König
ISBN 978-3-7917-2308-2

Peter Morsbach
Die Brüder Asam
Vom Leben im Theater der Kunst
ISBN 978-3-7917-2353-2

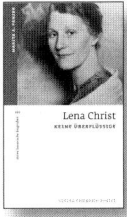

Marita A. Panzer
Lena Christ
Keine »Überflüssige«
ISBN 978-3-7917-2307-5

Josef Memminger
Karl Valentin
Der grantige Clown
ISBN 978-3-7917-2309-9

Verlag Friedrich Pustet www.verlag-pustet.de

Facettenreiche, fundierte Darstellung einer Epoche

Peter C. Hartmann /
Florian Schuller (Hg.)
Der Dreißigjährige Krieg
Facetten einer
folgenreichen Epoche

216 S., 18 Abb., geb. mit
Schutzumschlag
ISBN 978-3-7917-2217-7

Es wurde der bis dahin längste Krieg – und ein europäischer, ausgetragen auf deutschem Reichsgebiet. Im Rampenlicht agierten Fürsten und ihre Feldherren: etwa der Habsburger Ferdinand II., der Schwedenkönig Gustav Adolf, der Wittelsbacher Maximilian, die Generäle Wallenstein, Tilly und andere.

Der »Große Krieg« ist bis heute im historischen Gedächtnis von Orten und Regionen erhalten, werden in Literatur, Brauchtum, Festspielen Bezüge gepflegt. Das Buch zeichnet die politisch-konfessionelle Entwicklung in der ersten Hälfte des 17. Jahrhunderts, schildert die »globalen« Netzwerke, bringt Erfahrungsberichte und Ergebnisse und erklärt den Friedensschluss.

Verlag Friedrich Pustet www.verlag-pustet.de

Bibliografische Information der Deutschen Nationalbibliothek
Die Deutsche Nationalbibliothek verzeichnet diese Publikation
in der Deutschen Nationalbibliografie; detaillierte bibliografische
Angaben sind im Internet über http://dnb.d-nb.de abrufbar.

www.verlag-pustet.de

ISBN 978-3-7917-2354-9
© 2011 by Verlag Friedrich Pustet, Regensburg
Satz: Vollnhals Fotosatz, Neustadt a. d. Donau
Druck und Bindung: Friedrich Pustet, Regensburg
Umschlaggestaltung: Martin Veicht, Regensburg
Printed in Germany 2011